LE CORBUSIER,
UNA NUEVA FORMA DE INTERPRETAR SU ARQUITECTURA

Dradi, Serena
Le Corbusier, una nueva forma de interpretar su arquitectura . - 1a ed . - Ciudad Autónoma de Buenos Aires : Diseño, 2025.
166 p. ; 21 x 15 cm.

ISBN 978-1-64360-980-5

1. Arquitectura. 2. Geometría Sagrada. 3. Masonería. I. Título.

DISEÑO GRÁFICO: Karina Di Pace
FOTO DE PORTADA: Arq. María Cecilia Gamondi
Hecho el depósito que marca la ley 11.723
Impreso en Argentina / Printed in Argentina

La reproducción total o parcial de este libro, en cualquier forma que sea, idéntica o modificada, no autorizada por los editores, viola derechos reservados; cualquier utilización debe ser previamente solicitada.

© 2025 Diseño Editorial
ISBN 978-1-64360-980-5

Agosto de 2025

Venta en:
Librería Técnica CP67
Florida 683 - Local 18 - C1005AAM Buenos Aires - Argentina
Tel: 54 11 4314-6303
e-mail: cp67@cp67.com - www.cp67.com

FADU - Ciudad Universitaria
Pabellón 3 - Planta Baja - C1428EHA Buenos Aires - Argentina

Le Corbusier,
una nueva forma de interpretar su arquitectura

Mg. Arq.
Serena Dradi

diseño

Índice

Prólogo   9
Introducción   13

CAPÍTULO 1   17
Masonería como lenguaje simbólico e indecible
1.1. Un breve acercamiento a la Masonería   17
1.2. Introducción a los símbolos masónicos   21
1.3. La Masonería en el arte y la arquitectura   29
    1.3.1. Cubistas masones en Europa   32
    1.3.2. Símbolos y significados masónicos en la ideología cubista   36
    1.3.3. El purismo y el rol fundacional de Le Corbusier   41
1.4. Símbolos y significados masónicos en el purismo de Le Corbusier   46
1.5. La *Colletione L'Esprit Nouveau* y una revolución masónica en la arquitectura   50

CAPÍTULO 2   55
Le Corbusier y la Masonería
2.1. Le Corbusier y los vínculos personales y familiares con la Masonería   55
    2.1.1. Georges-Édouard Jeanneret, el padre masón de Le Corbusier   59
    2.1.2. La Chaux-de-Fonds y la logia masónica *L'Amitié*   63
2.2. Significados y símbolos en los funerales de Le Corbusier   65
2.3. Los viajes de Le Corbusier en Argentina: primera parada, Buenos Aires   69
    2.3.1. Le Corbusier entre cubistas platenses y artistas argentinos   71
    2.3.2. Le Corbusier en la ciudad de La Plata   74

CAPÍTULO 3   **79**
La Casa del Dr. Curutchet, La Plata y su legado masónico

3.1. La Plata, fundación de una ciudad masónica   79
    3.1.1. Símbolos y significados masónicos presentes en la ciudad de La Plata   82
3.2. La Casa del Dr. Curutchet como Patrimonio de la Humanidad   86
3.3. Una encomienda viaja a París: el pedido de Pedro D. Curutchet   88
3.4. Observaciones masónicas en la ubicación de la Casa del Dr. Curutchet   93
3.5. Simbología masónica en la Casa del Dr. Curutchet: análisis de las plantas arquitectónicas   98

CAPÍTULO 4   **107**
Le Corbusier y un legado masónico como medio emocional en el diseño

4.1. Escala y Modulor en la Casa del Dr. Curutchet   107
4.2. Masonería indecible en el discurso del Modulor   115
    4.2.1. El Modulor, el Hombre Vitruvio y la Estrella flamígera   119
4.3. El legado Masónico para el campo del diseño: Geometría Sagrada   126
    4.3.1. Masonería indecible en *Le Poeme de L'Angle droit*   136
4.4. Arquitectura Emocional   144
4.5. La Mano Abierta y la espiral del conocimiento   149

Conclusión   **157**
Lista de referencias bibliográficas   **159**

Prólogo

Le Corbusier, la arquitectura detrás de su semblante

> "La realidad solo se revela cuando la ilumina un rayo de poesía.
> Todo a nuestro alrededor está dormido".
> Georges Braque

El presente libro aborda aspectos desconocidos de la vida y la obra de Le Corbusier. Como sabemos mucho se ha dicho acerca de este autor y de su obra. Sin embargo nada se había expresado hasta aquí sobre la historia íntima, cifrada y secreta de su vida, que impregna las ideas y sentimientos que emergen y se expresan de manera encriptada en sus escritos y en sus obras. La autora nos ofrece una lectura minuciosa y sistemática sobre las marcas de la herencia familiar y las experiencias que influenciaron la personalidad y la obra de Le Corbusier. Esta mirada logra reinterpretar, revisitar y desocultar la criptografía que esconde el lado más profundo e inquietante de este influyente e inagotable pensador, artista y arquitecto del siglo XX que no acaba nunca de sorprendernos.

Charles-Édouard Jeanneret-Gris en sus inicios como arquitecto adoptó el seudónimo Le Corbusier que refleja su deseo de reinventarse y de establecer una identidad que evoca la imagen del cuervo, que oculta su verdadero nombre. La elección de este seudónimo está en línea con aquello que en francés se llama un "secreto de Polichinela". Como señala Derrida en *Pasiones*, "un secreto que no es secreto para nadie, que toca nuestro nombre, al secreto de nuestro nombre", en vistas a desaparecer. Pero en tanto opera un desvío de la verdadera personalidad y se ofrece para preservar algo de su intimidad, se enuncia asimismo como objeto u aspecto enigmático a indagar.

Esta actitud de refugiarse en el anonimato y mantener su identidad real en secreto, quizás, le resultó a la algo extraño a la autora y la impulsó a emprender su búsqueda. Y sin duda activó aquello que Barthes llama el "olfato semiológico", para sumergirse en una profunda investigación. Que la llevo descubrir que la vida de Le Corbusier está atravesada, desde su infancia, por el vínculo de su familia con la masonería. Respondiendo de este modo a su inquietud inicial, acerca de qué lo llevó querer separar su carrera de arquitecto de su vida personal. Recorriendo su historia, sus vínculos afectivos y su círculo de amistades, ira revelando el apego, la simpatía y conexión con los principios de la masonería que marcarán su camino de desarrollo personal, intelectual, artístico y espiritual. Aunque esto se ha mantenido oculto o en reserva, este trabajo va destejiendo el vínculo con idea y la esencia de lo que representa la masonería en su vida y su obra, cuyo espesor simbólico e imaginario se esconde bajo abstracciones formales, que representan el espacio y hacen habitable el mundo.

La autora despliega una profunda lectura enfocada a reconocer y explicitar la lógica, los códigos y sistemas sígnicos masónicos, cuya idea y existencia deviene de un movimiento de tradición, de los constructores que compartían e intercambiaban conocimientos sobre el arte de construir de otras épocas. Un arte sometido a las reglas, las relaciones espaciales regidas por las matemáticas y la precisa disposición artística de la piedra. En esta búsqueda, a fin de observar la presencia de sus principios en el discurso escrito o plástico, como en las formas y la estructura del diseño arquitectónico de Le Corbusier. Se hallarán las señas y mensajes encriptados en sus textos y conferencias, en sus obras, sus vínculos y relaciones personales. Concentrándose, posteriormente, en su viaje a Buenos Aires y más precisamente en su visita a la ciudad de La Plata. Por el interés manifiesto de Le Corbusier en experimentar su trazado, observar sus edificios e indagar la Geometría Sagrada subyacente que les dio origen e instauró el simbolismo de sus formas. La ciudad se ofrece como posibilidad para descubrir los gestos que guardan relación con la mesura de la razón y el carácter masónico impuesto por sus fundadores.

Es evidente que Le Corbusier conoce aquello que señala Pérgolis en su libro *La Plata Express*, "El plano de La Plata es una réplica del Universo", estas palabras, dice Pérgolis, explican las de Jorge Luis Borges, "La ciudad que vemos no existe". En efecto, la ciudad se manifiesta a través de símbolos que abren imaginarios e ilustran y revelan aspectos insospechados. Estas ideas alejan a la autora de explicaciones simplistas sobre la ciudad y la motivación de Le Corbusier por descubrirla, y la lleva a interrogarse por las imprevistas derivaciones en las que se inscribe este viaje. Como sabemos, años después de su vista a La Plata, recibe la encomienda por parte del doctor Curutchet para realizar el proyecto de su casa en la ciudad. El reconocimiento de la ubicación del solar a intervenir en el trazado de urbano le ofrece a Le Corbusier una posibilidad inmejorable para trabajar con la geometría, los símbolos y significados de carácter masónicos de manera discreta y sutil. Como revela la autora, proyecta en la casa esos signos ocultos en los "cinco puntos", y enmascarados por el *brise soleil*, diseña la obra siguiendo las proporciones del Modulor, palabra formada por módulo y número áureo, que configura la organización de las formas y domina su pensamiento arquitectónico, situado en tensión permanente entre el arte y la ciencia.

En los planos de la casa Curutchet se evidencia la apología matemática aplicada por Le Corbusier, y anunciada por Colin Rowe en su fantástico ensayo *Las matemáticas de la vivienda ideal*, donde compara la exactitud de la geometría y las formas puras en la obra de Le Corbusier, reconociendo patrones matemáticos que generan una "oscuridad planificada", en contraste con la claridad compositiva de Palladio. Pero esta relación con los números, aunque parece similar, se mueve en mundos estéticos diferentes. Tal como se demuestra en estas páginas, que iluminan esa oscuridad planificada, a partir del desmantelamiento de las relaciones formales, dándole un nuevo sentido a esa realidad numérica. La cuidadosa lectura del sistema de signos, de líneas y figuras reguladoras en su trazado, y de la relación de la sección áurea utilizada en la configuración espacial, permite reconocer las virtudes de la apologética matemática e ir más allá de la búsqueda de las relaciones espaciales y arquitectónica, logrando desocultar el mensaje masónico encriptado en la arquitectura de la casa. Describiendo a su vez, como Le Corbusier duplica realidades, manifiesta el origen natural y el carácter poético de las formas, que reflejan el mundo ideal y las exigencias humanas contingentes. Su arquitectura tiene la capacidad de generar imágenes vividas que nos proponen un modo estar en el mundo junto a lo trascendente.

Como sabemos, la obra de este arquitecto singular ofrece múltiples lecturas, que van desde la razón de las formas a sus significados, leídos a veces de manera fragmentaria, sobrevolando los aspectos morfo-sintácticos puros y relaciones formales del diseño. Pero la aguda mirada de la Mg. Serena Dradi, y su lectura oblicua, penetra la complejidad de la obra misma en su conjunto e ilumina la comprensión sobre la organización sistemática de signos y la iconografía simbólica del ángulo recto, como pilares de la masonería manifiestos en la arquitectura de la casa del doctor Curutchet, que se revela más que como "máquina de habitar" como "máquina ficcional" ligada la poesía.

De tal modo que es muy relevante el espesor de estas páginas, indudablemente, es valioso el aporte, abre las puertas para reinterpretar y reconsiderar la influencia de Le Corbusier en la arquitectura, el arte y el diseño, reconociendo que su actitud, su discurso y su obra, dejan abierto el interrogante sobre su pertenencia a la masonería.

Sugiero la lectura de este extraordinario libro a los amantes de la arquitectura, el arte y el diseño, entendiendo la obra de Le Corbusier como producción de conocimiento permanente, los invito a detenerse y leer reflexivamente su legado, y a descubrir aspectos velados de su vida.

Dr. Arq. Raúl H. Lamas
invierno 2025

Introducción

Este libro, tiene la misión de arrojar luz sobre un debate poco allanado en vínculo con el arquitecto suizo-francés, Charles Édouard Jeanneret, mejor conocido como Le Corbusier y la Masonería. Es por esto que se le ofrece al lector cuatro capítulos que paso a paso abren caminos hacia los estudios y observaciones sobre la producción del arquitecto, haciendo hincapié en especial sobre la Casa del Doctor Curutchet, la Maison du Docteur Curutchet.

Los estudios que se presentan y las investigaciones realizadas se iniciaron en el curso de maestría, de la Mag. Arq. Dradi Serena, recibiendo el Diploma de Honor Cum Laude en el año 2025.

Entre Le Corbusier y la Masonería, es posible evidenciar varios puntos de conexión, donde se reconoce la manifestación de una tradición de lucha en la ciencia y el arte. En este caso se reconocen vínculos sociales, familiares y los símbolos intrínsecos en sus obras donde aparece la proporción áurea, la escala humana, la matemática, la geometría sagrada, el templo, la casa y el cuerpo como una sola unidad.

La Casa del Dr. Curutchet en especial, símbolo de la modernidad, fue reconocida por la UNESCO en 2016 como Patrimonio de la Humanidad, representa un sistema de medida armónica, una invención del arquitecto, llamada el Modulor, además de ser una de las pocas obras donde se representan los 5 puntos para una arquitectura de Le Corbusier. Se ubica en una zona residencial de baja escala, al borde del ingreso bosque de la ciudad de La Plata, frente a la Plaza Rivadavia, separada del principal espacio público verde por la Avenida número 1, y las avenidas troncales, número 51 y 53, sobre el boulevard, hoy conocido como, boulevard Le Corbusier.

Figura 1. 2026 - Casa Curutchet Patrimonio de la Humanidad en 2016 por la UNESCO. Fuente: Foto propia, placa en la vereda de la Casa Curutchet 2023, La Plata

En 2023, la ciudad fue declarada ciudad masónica. En este punto es importante tener en cuenta que, la Masonería presenta prefiguraciones pitagóricas entre otras escuelas, religiones y tradiciones milenarias, donde existe una relación entre la medida de oro (1.618) y la estrella de cinco puntas, conocida como la Estrella Flamígera, que acompaña al compás y la escuadra con la letra G en su centro, dentro de los templos masónicos y que representa el símbolo del hombre primordial, Maestro Masón o Maestra Masona. Esta estrella que fue descubierta en las escuelas pitagóricas, formaría parte de una cadena de conocimiento en materia de la Ciencia y Arte, siguiendo la Sucesión de Fibonacci. También el Hombre de Vitruvio, un dibujo perteneciente a Leonardo Da Vinci, que en 1492 confeccionó una escala basada en la proporción anatómica, donde yace una relación entre la cuadratura del círculo y el hombre, manifestándose así la razón áurea. La proporción áurea es un número mágico, número de oro o divina proporción, ya que se encuentra presente en toda la naturaleza y que se incorpora en el arte y arquitectura, entre otros ámbitos, para resonar sobre el estado emocional y físico de las personas.

El lector se preguntará cómo, la Casa del Dr. Curutchet, representa un legado masónico dentro de la ciudad masónica de La Plata. Para ello, en primera instancia será necesario recorrer algunos hechos previos para comprender cómo una joya arquitectónica moderna, pura y blanca, se presenta como un legado familiar masónico, simbólico y significativo, tanto para el arte como para las ciencias aplicadas en el campo de todas las disciplinas proyectuales. En virtud de esto, el lector en las próximas páginas, emprenderá un camino iniciático donde ahondará sobre la relación entre el cubismo, el purismo y la masonería, a partir de las relaciones sociales, artistas cercanos y familiares del entorno de Le Corbusier que darán indicios y certezas sobre su camino masónico oculto que habla a través de la Casa del Dr. Curutchet.

Este libro busca revalorizar, a través de lo evidenciado sobre Le Corbusier, conocimientos y conceptos olvidados de geometría, matemática y naturaleza aplicados al diseño arquitectónico, brindando una nueva forma de interpretar su arquitectura y sus obras. A lo largo de los capítulos se comparten conocimientos sobre las leyes del universo y la naturaleza, las cuales generan armonía y logran la creación a través de la Geometría Sagrada, en este caso, de un espíritu artístico y arquitectónico, que mediante las formas puras produce emociones plásticas, percibiendo así el bienestar y la belleza. Por esta razón, se ofrece una relectura del discurso arquitectónico con una mirada masónica sobre Le Corbusier, algo que ha sido poco estudiado y ahondando a la hora de hablar de uno de los arquitectos más renombrados del último siglo.

Estudiando, la Casa del Dr. Curutchet en La Plata, se evidencia un aporte significativo de carácter masónico simbólico, que se expresa a través de la utilización de significados y símbolos dentro del diseño arquitectónico. Estos se encuentran incorporados en la proyección de los planos, la interpretación del sol, la articulación del espacio, su vínculo con el exterior, su localización y por sobre todo la geometría y matemática oculta, que se hace también presente en otras obras artísticas y arquitectónicas de Le Corbusier entre principios y mediados del siglo XX, confirmando la influencia de su pensamiento masónico.

CAPÍTULO 1

Masonería como lenguaje simbólico e indecible

1.1. Un breve acercamiento a la Masonería

La Masonería es una institución filosófica, filantrópica y progresista, una sociedad que funciona a partir de logias, las cuales se nutren del simbolismo de un rito que respecta a su oriente, por eso se la llama secreta, debido a que deviene de símbolos de tiempos bíblicos, ancestrales y universales. Si bien en la contemporaneidad del siglo XXI la Masonería ha pasado de ser secreta a discreta, el valor del silencio sigue siendo latente hasta hoy en día. Estas logias son secretas en su trabajo y construyen a hombres y mujeres de librepensamiento, de buenas costumbres, pasando de ser una metafóricamente una piedra en bruto a una piedra cúbica perfecta.

La palabra Masón, un término que le correspondía en la antigüedad a los constructores, tiene por significado albañil. La Real Academia Española, define el término Masón devenido del francés, *maçon*, el cual tiene la traducción propiamente dicha de albañil, a la vez que realiza una segunda definición del término al referenciar que refiere a la situación de una persona al pertenecer o es miembro de la Masonería.

Pero esta palabra ha adoptado varios significados en diferentes lenguajes a lo largo del tiempo, pero siempre vinculados con el arte de construir con perspectivas filosóficas diferentes. Masones como Terrones Benítez Adolfo y León García Alfonso (1946) que han hecho aporte material al estudio sobre la masonería, reconstruyen el recorrido de esta palabra a partir de su definición en base a la idea del Génesis Moral, Material y Filosófico, por lo que se refiere a la Masonería Regular. En él, el término masón es una alteración del vocablo *Marcio*, cuya ascendencia primitiva deriva de la palabra Sánscrita *Mach*, que significa golpear, batir, acumular, condensar o pulverizar términos asociados al accionar del albañil.

Respecto a este breve recorrido, es importante discernir entre los Iniciados en este grupo, se representan con la palabra Masón, un constructor que en la antigüedad trabajaba la piedra, y en la masonería moderna constructor especulativo que trabaja la piedra de la moral es el que se dedica a buscar la perfección en las costumbres humanas que practica la orden y en la construcción intelectual que combate la ignorancia y el fanatismo del mundo profano. Uno de los objetivos de la Masonería es formar, instruir y guiar Masones, en la antigüedad de forma operativa para la construcción y en la actualidad de manera especulativa, aunque no se niega la existencia de logias operativas adaptadas al siglo XXI. En la antigüedad los masones eran los albañiles de los templos y catedrales, ellos conservaban saberes que permitían la construcción de obras de arte sagradas del Arte de Construir, que tenían como foco a las ciencias y las matemáticas.

Otra definición para la palabra Masón, que ambos autores comparten, data de versiones originarias del sistema jeroglífico egipcio, donde yace la unión de dos signos fonéticos *Mai* que traducido significa amor y *son* que se traduce a hermano, que unidos forman la palabra Maison. Aquí el significado de ambas composiciones refleja un eje fundacional para los masones, que es su amor fraternal, el amor a sus hermanos. Esta palabra *Maison* también se encuentra en la lengua castellana traducida como casa, en la lengua española como casa o mansión y bajo múltiples culturas la palabra nuevamente se encuentra vinculada a personas que construyen, lo cual da lugar a la idea de albañil y arquitecto.

Algo brevemente simbólico y significativo, comenzando con el camino comparativo, se presenta entre una unión entre algo ya mencionado y esta última definición. El caso de estudio que tiene este libro es la Casa del Dr. Curutchet, que originalmente se llamó, la *Maison du Docteur Curutchet*, mismo se mencionó, se traducen como amor fraternal.

Continuando, De La Gala (1901) en su investigación afirma que la Orden tuvo en su origen a los fundadores constructores que trabajaron el templo de Salomón (1901, p. 21). Desde aquel entonces, estos conocimientos se adquirían de forma oral, representados por dibujos en la tierra, a resguardo de los profanos, con el fin de no dejar evidencia de lo compartido y guardarlo en secreto. Estos estudios representan un gran poder en información y no podían ser compartidos con personas no reconocidas dentro del círculo fraternal que sostenían, principalmente por lealtad a una tradición secreta. Estos conocimientos, enseñanzas y aprendizajes se conservaron entre hermanos por siglos, al igual que los ritos y prácticas masónicas, sus alegorías, sus simbolismos irrompibles, empleándose como distintivos de la Masonería las herramientas de construcción que utilizaban para el trabajo los albañiles, mediante el simbolismo.

Su institucionalización, está fechada el año 1717, el 24 de junio se fechó de la consolidación de su constitución en Londres, llamada la Gran Logia madre, la primera logia de la que dependen muchas de las federaciones masónicas del mundo. Esta institución surgió como una confraternidad de hombres masones que se reconocía como universal y que debía quedar abierta a todas las personas, sin importar su religión, de opiniones políticas, de nacionalidad, de raza ni de posición social, llevando a la práctica así la absoluta tolerancia y aceptación.

Entonces es posible decir que la Masonería tiene sus orígenes en dos corrientes de pensamiento: la primera, místico esotérico, que sitúa sus orígenes en los inicios de los tiempos, constituyendo así a una masonería operativa. La segunda corriente de pensamiento es de carácter naturalista positivista, esto significa que ubica sus orígenes a principios del siglo XVIII y por lo tanto su carácter es especulativo. Esto lo explica la Respetable Logia Manuel Quiroga N°548 de la Ciudad Autónoma de Buenos Aires, una institución iniciática, progresista y filantrópica cuyo fin es buscar el mejoramiento moral, intelectual y espiritual de sus miembros (2022, p. 17-19). Ambas corrientes trabajan en relación con el Arte de Construir desde lo operativo: el ejercicio y la ejecución la primera corriente, y desde lo especulativo en base a su significado simbólico, alegórico y filosófico la segunda.

Por un lado, la Masonería operativa, se basa en la construcción material de la arquitectura, ya que en la antigüedad partiendo de las escuelas pitagóricas, el masón era quien construía en los grandes Templos, Iglesias y Catedrales edificios de índole espiritual donde se incorporaba la matemática y geometría de los antiguos pensadores que descubrieron el lenguaje del universo. Dentro de las enseñanzas pitagóricas se puede descubrir prefiguraciones del simbolismo de los masones que hasta hoy en día se encuentran en el simbolismo, las alegorías y las sabidurías transmitidas a través de las leyes de la geometría y la matemática descubiertas. La persona que recibía estas sabidurías era capaz de convertirse en una persona poderosa en base a sus conocimientos que fueron adquiridos en el mensaje desvelado para las construcciones arquitectónicas en esas reuniones y aprendidas del Gran Arquitecto del Universo.

En la actualidad la Gran Logia de la Argentina de Libres y Aceptados Masones define a la Masonería como una escuela de vida, porque invita al hombre a la investigación racional de las leyes de la naturaleza, busca la reflexión y la incursión en los sentidos espirituales del movimiento de la Historia. Además, se reconoce como filantrópica, ya que su intención carece de ambición material, fomenta el deseo de bienestar hacia todos los seres humanos y tiene el carácter de ser progresista, debido a que teoriza y practica la solidaridad humana y la absoluta libertad de conciencia, con el objetivo de la búsqueda de la verdad individual y colectiva (2024).

En la entrevista que se realizó para la tesis de maestría titulada *La Influencia de la Masonería en la Obra de Le Corbusier* (2024 - Dradi Serena), Pablo Lázaro, actual Gran Maestre y Presidente de la Gran Logia de la Argentina de Libres y Aceptados Masones afirma que un masón es:

> constructor de uno mismo, como busca desprenderse del prejuicio, de ideas preformadas y permanentemente preguntarse el 'por qué' de todo, y es librepensador en el sentido de… se autocuestiona todo el tiempo, a veces para cambiar sus ideas y otras para ratificar, ser libre pensador significa no estar atado, o por lo menos, racionalmente no estar atado a un dogma, alguna imposición ni política y ni religiosa, pero eso no quiere decir que está reñida con afecto… Ser librepensador es sinónimo de un Masón (Pablo Lazaro - comunicación personal 04/07/2023).

Tal es así que, en lo que refiere a su propia función, el camino masónico propone un método de descubrimiento y entendimiento de la realidad, como tal conocida hasta ese momento. Así como próximamente veremos que el cubismo desfragmenta la realidad a partir de las formas y la geometría, el masón estudia la vida y su filosofía, filantropía y progresismo a partir de símbolos que contienen su carácter de geometría sagrada. Dentro de la masonería, las personas realizan un camino iniciático de investigación personal, racional y simbólica sobre sí mismos, estudiando las leyes de la naturaleza y el universo aplicadas sobre el mundo. Es por eso que es posible identificar contenido que proviene de la alquimia, el esoterismo, en la ciencia, el simbolismo universal y muchas religiones, por lo que se autodefine como una escuela de vida.

•

• •

1.2. Introducción a los símbolos masónicos

Como se dijo, la Masonería practica y estudia un lenguaje representado a través de los símbolos y las alegorías, cuya base se apoya en la representación visual y las interpretaciones en relación con lo esotérico, lo vivencial, lo racional y filosófico de la vida. En los escritos masónicos, se encuentra al Gran Arquitecto del Universo gobernando las Leyes del Universo y la Naturaleza, además de la filosofía de las herramientas y elementos en relación con sus simbolismos dentro del taller, donde puede estar presente la geometría y las matemáticas en conjunto con sus significados. El conocimiento masónico define a los símbolos utilizados y estudiados como una expresión universal y fundamental que tiene como objetivo ayudar al iniciado a acceder al conocimiento y sabiduría universal.

El escritor Lomas Robert (2011) sugiere que, a mediados del siglo XV, en Escocia personas aspirantes a reyes y monarcas en ejercicio adoptaron el uso de símbolos emotivos como herramientas para mantener el apoyo político. Este medio funcionaba en base a símbolos emotivos geométricos que tallaban en la cantería de prestigiosos edificios en los que las personas se reunían regularmente y profundizaban sobre estos símbolos (2011, p. 67) su sabiduría y su potencial. Es así como estudiaban el poder de los símbolos y la manera en que estos sensibilizan a los individuos con su significado y comprensión. Los primeros francmasones eran hábiles en la antigua tradición de tallar símbolos cargados de información oculta, en piedras de edificios, construcciones y lugares públicos, años después con los conocimientos adquiridos crearían la francmasonería moderna.

Estos símbolos que pertenecen al universo masónico han sido heredados no sólo debido a los antiguos constructores de templos y catedrales, sino también, por los griegos y la tradición pitagórica. También se encuentran prefiguraciones de los rosacruces, la cábala hebrea, los misterios alquímicos hasta conceptos vinculados en la antigüedad con la magia. Es por eso que son la raíz inseparable de una tradición unánime y primordial, lo que a su vez define a la Masonería como una rama viva y actual del árbol de la tradición y de la creación, ambos árboles cargados de sabiduría y conocimientos ocultos pueden ser encontrados tanto en la Biblia como en la Torá, cuando se refiere el Jardín de Edén y la creación de Dios. Dentro de la Masonería, esta fuerza universal, es representada por G.A.D.U, el Gran Arquitecto del Universo que representa la fe, sobre cualquier religión o creencia, de los iniciados.

En el caso de los símbolos masónicos, preferentemente manifiestan, en sus raíces y origen, significados pertenecientes a los descubrimientos más relevantes en la historia de la matemática y la geometría. Lomas Robert (2011), masón e investigador de la historia de la francmasonería, comparte en uno de sus escritos información y estudios realizados por Platón que refieren al vínculo con los símbolos puros, devenidos de un reino espiritual de perfección, donde bajo específicas instrucciones, un individuo adquiere el poder de dominar y comprender la verdadera naturaleza de estos símbolos.

Según el autor, es Platón quien descubrió una teoría a partir de esta idea, que se encuentra muy arraigada en el simbolismo masónico (2011, p. 10). Es esta idea, que la Masonería ha preservado y desarrollado a lo largo de la historia: son los antiguos símbolos emotivos los que llevaron al descubrimiento de los símbolos matemáticos, es decir la codificación de la realidad, los que a partir de su descubrimiento dieron origen al álgebra y el cálculo, entre otros.

Otras prefiguraciones existentes dentro de la institución masónica, datan de las Escuelas Pitagóricas, de los egipcios y hasta se podrían identificar sutilmente, devenidas se otras civilizaciones más antiguas.

Si ahondamos en la comprensión de qué es un símbolo, es posible identificarlos como un lenguaje donde existe un sentido que se da y otro sentido que se oculta, que representa el carácter indecible del símbolo. Es decir, el símbolo tiene la capacidad de contar y preservar conocimientos sin alteración, contiene una mediación universal del espíritu entre los seres humanos y la realidad que habitan, ya que expresa un carácter universal.

Si bien el símbolo es posible de identificar en múltiples escalas y ámbitos, el símbolo en el sentido griego del término significa enigma. Por ende, el símbolo que representa un enigma, no bloquea la inteligencia o fomenta la ignorancia, sino que contiene una intención que provoca y reactiva en el sentido humano con el objetivo de descifrar un mensaje inscrito en él, precisamente el doble sentido que se mencionó anteriormente, sin dejar de lado su sentido oculto.

Carl Jung (1964) sostiene que los símbolos representan algo que a su vez manifiesta una parte oculta y desconocida, a la vez que profundiza en que el símbolo observado por la mente humana puede llegar más allá de la razón y conducir a pensamientos que se acerquen al concepto del sol divino. Es ahí donde según el autor, la razón frente al símbolo debe admitir su incompetencia, ya que el hombre es incapaz de definir un ser divino, pero el símbolo sí. Estos símbolos construidos por patrones que devienen de la naturaleza, son los que Carl Jung, va a definir como arquetipos y va a estudiar en profundidad para reconocer cómo los mismos influyen en la formación de la conducta humana.

Entonces la Masonería estudia, interpreta y trabaja con símbolos, mediante los cuales ejerce una búsqueda que apela a la reflexión del iniciado en torno al conocimiento, a los significados de esos símbolos y a las alegorías que contribuyen a sabidurías universales ocultas. A través de este proceso se utilizan los símbolos masónicos para transmitir enseñanzas y sabidurías en pos de convertir al iniciado en un ser humano que trabaja de forma individual y colectiva.

Los símbolos masónicos en su gran mayoría son antiguos y universales, están presentes en el tejido de la sociedad occidental moderna, presentando instrucciones en su modo de uso y poder, en la mayor parte de los casos. En su investigación sobre estos símbolos, Lomas Robert (2011) destaca su vínculo con las emociones, ya que mediante varios estudios científicos se ha demostrado que, si bien todos los seres humanos tienen reacciones emocionales innatas a los símbolos en general, los masónicos generan las respuestas emocionales más positivas. Esto es así debido a que, desde los tiempos de Platón, muchas personas experimentaban con la existencia de un reino de símbolos perfectos al que, acompañados de una cuidadosa instrucción era posible ponerse en contacto. Platón desarrolló una teoría a partir de esta idea, "la cual se encuentra profundamente arraigada en la simbología masónica" (2011, p. 10). La misma refiere a que es precisamente la tradición masónica la que ha preservado y desarrollado los antiguos símbolos emotivos, dando paso al descubrimiento de los símbolos matemáticos. Esto se debe a que los símbolos matemáticos que plantea el autor tienen como fin ayudar a la mente humana a razonar, ya que permiten entender y predecir la realidad.

Los símbolos masónicos, son símbolos emotivos que codifican sentimientos y aspiraciones. Éstos se deben a que sus prefiguraciones son de las más antiguas y están los símbolos verbales que codifican los sonidos del habla y permiten la comunicación entre seres humanos a través del tiempo y el espacio. Estos símbolos verbales en algunas épocas estuvieron estrictamente restringidos y facilitados a una élite y asociado a menudo con la religión o sus instituciones representativas. Estos tres tipos de símbolos son de la misma connotación que los símbolos masónicos, porque comunican ideas en un idioma universal y singular, donde el mensaje es transmitido sin alteraciones.

La Masonería trabaja con símbolos y fomenta el librepensamiento y la constante búsqueda de la verdad. La Gran Logia de la Argentina, libres y Aceptados Masones (2024) explica que es una institución filosófica que:

> orienta al hombre hacia la investigación racional de la leyes de la Naturaleza; invita al esfuerzo del pensamiento que va desde la simbólica representación geométrica hacia la abstracción metafísica; busca la reflexión filosófica, la penetración del sentido espiritual del movimiento de

la Historia; contempla en cada tiempo histórico las nuevas inspiraciones doctrinarias y asimila, de cada sistema filosófico, lo que pueda significar el aporte al patrimonio de la Verdad abstracta, más allá del tiempo y del espacio (página web - 2024).

La filosofía que se trabaja dentro de la Masonería parte de la profundización y construcción de conocimientos que llevan a una vida más consciente, reflexiva de la realidad, de la naturaleza y su influencia sobre los seres humanos. La filosofía dentro de la Masonería, representa el accionar de aprender y de conocer todo y de definirlo todo a través de ella, de explicar todas las cosas, especialmente el conocer las causas y los principios de todas las cosas. Entendido así su sentido, cuestionando y alimentando la sabiduría de los iniciados.

Entre los símbolos más representativos de la Masonería se encuentran el compás, la escuadra y la plomada, herramientas necesarias dentro del ejercicio del Masón operativo tal como se establece en los orígenes de la Masonería, los que servían para medir, nivelar y perfeccionar una pieza. El compás representa, dentro del simbolismo masónico, la realidad espiritual, mientras que la escuadra representa la rectificación de pensamientos, aspiraciones y deseos, en armonía con el Plan del Gran Arquitecto, al que debe esforzarse por cooperar conscientemente (Lavagnini Aldo, 2017, p. 44). Estas dos herramientas superpuestas a su vez son la representación simbólica universal y principal de la Masonería, entre ellas presentan diferentes ángulos: una hacia arriba simboliza el oriente y la otra, hacia abajo, el occidente.

La escuadra manifiesta un ángulo recto que, dentro de la Masonería, representa el emblema de la fijeza, estabilidad y aparente inexorabilidad de las leyes físicas. Lavagnini Aldo (2017), sugiere que el ángulo recto de la escuadra es también el símbolo de la lucha, de los contrastes y de las oposiciones que reinan en el mundo sensible, de todas las desarmonías exteriores que deben enfrentarse y resolverse en la armonía que viene del reconocimiento de la unidad interior. También sugiere que el compás es el símbolo de "este reconocimiento y de esta armonía, que debe juntarse con la escuadra y dominar el mundo objetivo por medio de la comprensión de una Ley y de una Realidad Superior" (2017, p. 60).

Estos símbolos en conjunto con la "Ciencia, Justicia y Trabajo" del lenguaje masónico, se identifican como patrones que se hacen presentes en el discurso teórico arquitectónico de Le Corbusier, donde lo simbólico de la escuadra y el compás se encuentran en la búsqueda de la armonía y la belleza, de la utilización de las Leyes del Universo, leyes físicas, en pos de la belleza a partir de la búsqueda de la armonía que es su sostén. Esto es Le Corbusier define como digno y conmovedor dentro de la arquitectura.

Lomas Robert (2011), aporta que los hermanos trabajan el simbolismo de la escuadra con el fin de resolver cualquier desencuentro que pueda surgir entre ellos: así hace honor a la labor de la Masonería. La escuadra enseña sobre moralidad y regulación del accionar humano (2011, p. 134). Este aspecto se proyecta en un estado de espíritu, algo que se asimila al lugar que Le Corbusier le brinda al *Esprit Nouveau* cuando menciona el camino de ese espíritu libre y puro en sus publicaciones sobre la arquitectura.

Respecto al simbolismo del compás, que es el principal elemento a utilizar en la conformación de los planos y el diseño arquitectónico, también significa el emblema de la dignidad y simboliza la energía funcional del espíritu, es decir que el trabajo del masón lo convierte en un ser más vital y con mayor conciencia espiritual, intelectual, ética y moral. Nuevamente se identifica un mismo sentido del discurso entre el simbolismo masónico y el discurso arquitectónico de Le Corbusier en base a la construcción de un espíritu libre, puro, la búsqueda de lo digno, el derecho a habitar lo digno, lo armónico y, por ende, bello.

Otro símbolo que se hace presente dentro de la Masonería y que Le Corbusier menciona en múltiples oportunidades, es el sol. En el lenguaje masónico, el alma del iniciado, el sol se torna un eje fundamental e invisible hasta que atraviesa un prisma, a partir de esto se observan los siete colores básicos presentes en el arcoíris, entre ellos están colores primarios, entonces cuando la luz espiritual del centro pasa a través del prisma del espíritu humano, es decir la luz atraviesa al alma, metafóricamente hablando, las siete propiedades se presente y entre ellas habitan la sabiduría, la fuerza y la belleza, símbolos de los primeros grados iniciáticos.

En su discurso en *Vers une Architecture* (1923), Le Corbusier habla en múltiples oportunidades del sol, de la luz, sobre esto señala "la emoción de la arquitectura como un juego sabio, correcto y magnífico, de los volúmenes bajo la luz, (piedra angular de nuestra intervención en el movimiento arquitectónico de 1921 en el *Esprit Nouveau)*" (1923, p. 17). El sol se convierte en el eje de ambos discursos, que al mismo tiempo se encuentra dentro de la filosofía del deber ser y hacer de la arquitectura.

Tal como se expresó, los símbolos codifican y ocultan el sentido manifiesto de un concepto o una representación, lo que significa que el observador no iniciado carece de medios para visualizar esa codificación, al mismo tiempo que el símbolo abarca un mensaje completo e irrompible. Los símbolos y los signos dotados de valor son inagotables, cualquier selección sobre ellos será siempre de carácter personal y dictada por las preferencias conscientes e inconscientes de quien realice la observación.

Otro símbolo masónico importante, ya mencionado, es la estrella de cinco puntas que, en la mayor parte de sus apariciones dentro del ejercicio masónico está acompañada por la letra G en su centro y es posible de encontrar sobre el sitial del Venerable Maestre o Maestra en logia. La estrella de cinco puntas también se presenta en la historia masónica como la Estrella Flamígera, se menciona en los ritos masónicos a partir del año 1737 acompañada de la letra G, que fue relacionada con las palabras: gloria, geometría, grandeza, geómetra, *God* (Dios), entre otras, pero en sí, siempre se habla de G.A.D.U, el Gran Arquitecto del Universo.

Muchos estudios sostienen que esta estrella de 5 puntas, tiene orígenes en las escuelas pitagóricas, o incluso antes de esas escuelas y maestros de la antigüedad. Laban René (2006), sugiere que, bajo la búsqueda del origen de la Estrella Flamígera, es necesario ahondar en el pentalfa pitagórico, mejor conocida como la estrella pentagonal de la cual Pitágoras pudo describir un juego de proporciones que habita en esta estrella y la escala de las notas musicales a partir de la conformación de un arpa y cuerdas que representan entre sí estas proporciones, a la vez que las escalas musicales (2006, p. 96). Por otro lado el escritor Guénon René (1962), resalta que pentalfa es un signo de reconocimiento entre los pitagóricos. Esta estrella debía trazarse en línea continua ya que, al ser una estrella de cinco puntas formada por cinco segmentos

Figura 2. 2023 - Casa Curutchet escultura metálica en el acceso - Plancha de acero de 1.50m × 1.50m - Foto propia, 2023, La Plata.

de línea recta, y semejante a cinco alfas mayúsculas entrelazadas cuyos rasgos transversales forman un pentágono central (1962, p. 371), esta se trabaja en sus manos o tierra como signo de reconocimiento y secretismo. La estrella pentagonal o el pentalfa pitagórico, ambos casos representan el simbolismo del hombre regenerado y dentro del simbolismo masónico está presente entre la espada y el compás representando también al hombre regenerado.

En este sentido, Le Corbusier aportó un eslabón a esta cadena de estudios, al crear un nuevo hombre regenerado, llamado el Hombre Modulor. Una escala proporcional al ser humano que aplicó en los trazos de la Casa del Dr. Curutchet, que, al mismo tiempo, al ingresar al lote y cruzar la puerta principal sobre la línea oficial, de lado izquierdo se puede apreciar una lámina metálica de acero de 1.50m x 1.50m donde se encuentra calada una estrella de cinco puntas y a Le Corbusier en su centro, sobre una base que es una estrella de 5 puntas (Figura 2 / 2023).

•
• •

1.3. La Masonería en el arte y la arquitectura

Existe un gran repertorio de obras de arte que poseen símbolos, dibujos o mensajes ocultos que representan empíricamente la influencia activa de la Masonería en diferentes lenguajes artísticos desarrollados por artistas masones. En virtud de sus ideales, secretismos y simbolismos, han podido expresar sus sabidurías a través de sus mensajes mediante una comunicación visual, oral o auditiva, es decir que han logrado, pese a las dificultades, transmitir y representar ideales masónicos y así preservar una institución como tal.

En la historia de la arquitectura, un ejemplo propicio e histórico que sirve para ilustrar este ejercicio simbólico presente en sociedad, es que en la institución masónica posee como ejes fundamentales: la libertad, la igualdad y la fraternidad, mismas palabras que representan la Revolución Francesa. Asimismo, se presenta en el discurso del ideario libertario y en el arte representativo de este hecho histórico como en el caso del artista Jean-Jacques-François Le Barbier (1738-1826), escritor, ilustrador y pintor de historia francesa que en el año 1789 realizó el fresco Declaración de Derechos Humanos y del Ciudadano (Figura 3 / 1789) presente en el Museo de La Ville de Paris, en Francia.

Esta declaración presenta varios símbolos y significados de carácter masónico, como el triángulo ilustrado e iluminado en la parte superior del fresco, con el ojo un su centro, símbolo presente en los templos masónicos. El ojo que todo lo ve es común dentro del cristianismo y la masonería es el triángulo en el cual está inscripto en destellas de luz, o en estrellas de 5 puntas que constituye de por sí un nombre divino, como se mencionó anteriormente, e incluso el primero de todos según ciertas tradiciones.

Figura 3. 1789 - Declaración de Derechos Humanos y Ciudadanos presente en el Museo de La Ville de Paris, en Francia - Jean-Jacques-François Le Barbier.

El triángulo con el ojo que lo ve todo ocupa siempre una posición central y dentro de los templos masónicos está situado expresamente entre el sol y la luna, muchas veces sobre el sitial del Venerable Maestre o Maestra. El autor resalta que el ojo contenido en el triángulo no debería estar representado en forma de un ojo ordinario, derecho o izquierdo, ya que:

> puesto que en realidad el sol y la luna corresponden respectivamente al ojo derecho e izquierdo del 'Hombre Universal' en cuanto éste es idéntico al 'macrocosmo'. Para que el simbolismo sea enteramente correcto, ese ojo debe ser un ojo 'frontal' o 'central', es decir, un 'tercer ojo'" (1962, p. 405).

A su vez, este fresco presenta un escrito entre dos pilares y, tal como se mencionó anteriormente, los pilares representan una simbología fundacional para la Masonería. El simbolismo de los dos pilares, en un templo masónico, representa una influencia oculta sobre los iniciados en contraposición con el mundo profano. Esto abre al cuestionamiento del sentido de la aplicación, utilización y colocación de dos columnas en edificios de programas sociales, culturales y políticos, además de templos y catedrales.

En un templo masónico, las dos columnas son la representación de pilares que separan el mundo profano del universal presente en el templo, separan a la logia de los pasos perdidos, separan el conocimiento del desconocimiento, separan al iniciado del profano. Es la diferencia entre el trabajo masónico y el del profano y tiene funciones y significados muchos más grandes que el simple hecho de sostener y elevar. Estas dos columnas tienen una vinculación histórica con el Templo de Salomón en Jerusalén que comenzó a construirse en el 957 a.C. y duró siete años, donde en la fachada del mismo se encuentran dos columnas con las letras J y B que se encuentran dentro del templo masónico (Hardwood, 2008). Así, cada Masón es una personificación de esos antiguos constructores de templo, en búsqueda de la reconstrucción de las proporciones originales de este edificio moral.

Otro símbolo de carácter masónico presente en la arquitectura es el obelisco que simboliza al rayo de luz solar sobre la tierra, por influencia egipcia. El obelisco simboliza para los egipcios el culto a la divinidad solar, siendo el extremo lo primero que iluminaba los rayos de la aurora, una de las primeras manifestación física se encuentra en esta cultura en el Templo al Sol, el Templo de Solar Egipcio, donde se construyeron obeliscos con el fin de absorber la energía que producían estos diapasones bien utilizados. Es por eso que se ubican en las entradas de los templos.

Este elemento arquitectónico que en numerosas ciudades se encuentra en contacto directo con la sociedad de manera cotidiana, simboliza la estabilidad y la fuerza creadora, representa el rayo de sol esencial de cada día. Chandelle René (2009) sugiere que, debido a esta influencia, los masones incorporaron en su simbolismo al obelisco, como símbolo de fuerza y deidad masculina, a la vez que señala que se convirtió en un símbolo de poder oculto para diferentes sociedades secretas y de la élite, en especial los masones (2009, p.184). En la ciudad de Roma es posible encontrar múltiples obeliscos en su urbanización que han sido colocados allí, en diferentes momentos de la historia por personas de alto poder y por órdenes mismas de papas del Vaticano, que colocaron en la cima de cada uno de estos obeliscos egipcios una cruz latina, símbolo del triunfo del cristianismo y el catolicismo sobre el paganismo.

Esta escultura en virtud del sol se encuentra en ubicaciones próximas a edificios de alto poder, como lo es en el monumento a Washington en Washington D.C.; el obelisco lateranense en Roma, ordenada por el papa Sixto V; el obelisco de la Ciudad Autónoma de Buenos Aires sobre la Avenida más ancha; el obelisco en la ciudad masónica de La Plata frente al Pasaje Dardo Rocha, quien fue su fundador y masón argentino, entre otros. Además de su gran carga simbólica, como se mencionó anteriormente, los obeliscos son diapasones finamente creados ya que presentan una importante carga energética, se ven en múltiples civilizaciones antiguas y representan el símbolo de la continuidad, el poder, la estabilidad, la resurrección y la inmortalidad.

1.3.1. Cubistas masones en Europa

A inicios del siglo XX, Europa atravesaba un contexto de suma tensión social, cultural, política y económica, después de la Segunda

Revolución Industrial que dio origen a importantes cambios dentro de la industria, hasta el año 1914 cuando se desató la Primera Guerra Mundial. A lo largo de esos años suceden múltiples eventos históricos y descubrimientos que sacudieron los conocimientos adquiridos hasta ese momento, con aportes de protagonistas como Albert Einstein (1879-1955) y Sigmund Freud (1856-1939), así como también el fuerte avance de la industria, la tecnología, el cine y la fotografía. En este momento histórico los artistas desempeñaron un rol primordial a través del nacimiento de las vanguardias que fomentaban y argumentaban un sustento ideológico, cultural dentro de las artes y la ciencia.

El cubismo nace en este contexto, manifestándose por primera vez en los años 1908 y 1909 en piezas plásticas y escultóricas, a partir de dos de sus grandes referentes, Georges Braque (1882-1963) y Pablo Picasso (1883-1973). Estas obras de arte que construyeron al movimiento cubista, severamente geometrizadas, eran imágenes de cuerpos dotados de vida debido a la geometría aplicada en su producción, que se proyecta entre el volumen y el espacio sin que desaparezca el plano.

Romero Brest Jorge (1993) señala un hecho de suma relevancia dentro del surgimiento del movimiento cubista referido a la fase indecible donde el pensamiento que se ejerce sobre la obra de arte tiene un sentido total y compuesto capaz de ser desfragmentado en formas geométricas plásticas. Esto es así porque "la obra no es solo lo que se ve en ella; está llena de significaciones que por referirse a un ser...incluyen al contemplador para existir como una eterna presencia" (1993, p. 12). Es decir, dentro del movimiento cubista, el objetivo de la geometrización de la naturaleza y la realidad a partir de la utilización de formas y volúmenes conocidos dentro de la geometría universal, como así también la proporción, se logra a partir de la descomposición y de su análisis. En efecto, por medio de la geometrización de la naturaleza, el cubismo expresa lo indecible del movimiento, su mensaje y razón de ser.

El cubismo representa lo reconocible, creando imágenes donde las formas adquieren relativa independencia, así conforma un objeto autónomo de la realidad, lo que evidencia las intenciones innegables de los cubistas por crear formas que disten de la realidad empírica, evocando imágenes plásticas emocionales que conduzcan a la conmoción. Esto se debe a que el movimiento cubista manifiesta la descomposición de las formas para construir con ellas personas u objetos cotidianos que, representadas con formas simples, susciten estudios sobre su origen y su influencia sobre el ser humano a nivel emocional y racional.

Otro artista fundamental, vinculado con Braque, Picasso y Le Corbusier, fue el pintor cubista madrileño José Victoriano González Pérez, mejor conocido como Juan Gris (1887-1927), quien presentó en múltiples lienzos, técnicas de representación muy similares a las de Picasso y Braque. Una referencia empírica es su Retrato a Picasso del año 1912, donde se aprecia la primera etapa cubista, conocida como el cubismo analítico que duró de 1909 a 1912, el cual se identificó, con el espíritu cubista del análisis y la disociación, ya que el cubista separa las partes que la componen en planos porque se desarrolla un proceso de comprensión a partir del espíritu geométrico.

Juan Gris también se caracterizó por colores de carácter frío, apagados y alejados de toda exaltación de los colores claros, acompañados de la geometrización de la realidad que reflejaba el espíritu cubista de principios del siglo XX. Un lienzo referente de esta representación es el caso de *El tablero de ajedrez* (1915-1917). En él, como señala su título, se identifica un damero, símbolo del juego de poderes y estrategias, representado en su tablero la dualidad y la geometrización de la direccionalidad. Este caso se profundiza en el siguiente apartado, en relación con el significado de sus símbolos.

Estos artistas que impulsaron el cubismo y reivindicaron el uso de la geometría en la representación de la realidad, ejercieron una influencia decisiva sobre Le Corbusier y su posterior creación del movimiento purista. Las relaciones que estableció con ellos no sólo evidenciaban un vínculo compartido en torno a los valores artísticos que todos representaban, sino también en torno a la Masonería.

El objetivo principal que representó al movimiento cubista fue el de lograr el impacto plástico emocional, objetivo que compartirá años más tarde el purismo, en relación directa con la esencia del ser, los colores y las formas puras. Gómez García, Alejandro (2001) afirma como este objetivo se ve reflejado en el hacer y ser de ambos movimientos a estudiar:

Como el Cubismo, el Purismo actuaba directamente en el espectador, de tal manera que el cuadro ya no era un intermediario entre la Naturaleza y él, sino un acontecimiento autónomo que le informaba de una realidad más allá de la que podía alcanzar, afectándole además en su ánimo (2001, p. 138)

La imagen en el cubismo tiene como producto el deber de ser un puente de comunicación entre el observador y lo indecible proyectado por el creador de la obra que le da sentido y vida. Es decir, el cubismo frente a esta interpretación sobre la expresión plástica y la emoción tuvo su gran auge en la composición de la estructura geométrica para dar origen al arte concreto, pero también en la búsqueda de algo nuevo en la efusión sentimental, o en el inconsciente que convertía a los cubistas en ocultadores de esa verdad abierta representada por el espíritu del movimiento artístico.

En el caso de Juan Gris, participaba junto a Le Corbusier, Amédée Ozenfant y Paul Dermée de encuentros relacionados con el mundo ocultista y sobre todo con la Masonería suiza y francesa (Sarriugarte Gómez Iñigo, 2014, p.527), en especial con la Gran Logia Suiza Alpina, Gran Logia de Francia y el Gran Oriente de Francia. El Dr. René Allendy, como francmasón y presidente del *Groupe d'études philosophiques et scientifiques* invita en el año 1924 a Juan Gris a dar una conferencia, el 15 de mayo de 1924 en el anfiteatro Michelet de La Sorbona, París. Según Unión Sincera del Cierzo, Masonería regular adogmática en Zaragoza en los archivos del Gran Oriente de Francia, el cubista Juan Gris fue iniciado en la Masonería el 2 de febrero de 1923 en la Logia Voltare.

El Dr. Allendy le propuso brindar la conferencia mencionada en el año 1924 en la Sorbona. Titulada "De las posibilidades de la pintura", la misma se repetiría en noviembre del mismo año en la Orden de la Estrella de Oriente, organización masónica fundada en 1850, abierta a hombres y mujeres, pero esta vez contaría con la presencia de Le Corbusier. En este lugar es donde en el año 1925, Le Corbusier realiza una conferencia que luego publica bajo el nombre de *Almanach d'Architevture Moderne*, y en 1929 publica *Défense de l'Architecture* en Stavba (N°2) en Praga (El Espíritu nuevo en Arquitectura - En Defensa de la Arquitectura) mismo año en el que Le Corbusier viaja a América del Sur, donde visita Brasil, Argentina, entre varios lugares en Buenos Aires y La Plata.

1.3.2. Símbolos masónicos presentes en la ideología cubista

Desde la perspectiva masónica, el cubo tiene un simbolismo y una significación universal para los iniciados. Para la Masonería, el cubo perfecto es una alegoría del alma del masón dado que se considera que el alma de la persona que recién es iniciada en una logia masónica, como una piedra en bruto, tosca, llena imperfecciones e irregularidades propias de una piedra recién cortada. En su interior, yace una piedra pulida, una piedra íntegra: la masonería entrega y educa a sus masones con las herramientas necesarias simbólicas, alegóricas, éticas y morales para trabajar su alma. Esto es así porque busca que esa persona incentive el control de los estímulos básicos para regularla, construye así el desarrollo personal e intelectual y al interés para con una educación amplía. Estos valores son reflejados por los mismos en el mundo profano y son perfeccionados hasta lograr convertirse en un cubo perfecto.

Se entiende ante esto que, tanto el movimiento cubista como la Masonería persiguen la búsqueda de un sentido inteligible que se comprenden desde el interior, en las emociones, buscan la perfección simbólica, revelar una verdad indecible. El cubismo busca la perfección expresiva y plástica de la realidad, así como también la Masonería busca la perfección de un ser y la purificación de su alma, algo que se relaciona con el movimiento purista. Es decir, existe un sistema geométrico que construye la obra desde una realidad que no se ve a simple vista pero que subyace allí y que forma parte de una realidad universal, que es la misión de la Geometría Sagrada para con el ser humano.

El crítico de arte, Romero Brest Jorge (1960) afirma que el mismo se manifiesta bajo la forma de una presencia que pone en jaque tanto al hombre como al mundo respecto a la percepción de la realidad, es ahí donde el espíritu del cubismo manifiesta un método para indagar y representar plásticamente sobre la realidad. Esa búsqueda que propone el cubismo como método afirma que es "un camino para encontrarse

Figura 4. 1921 - *Los tres músicos*, Pablo Picasso + Análisis construcción propia Dradi Serena.

y saber, qué intenta des-ocultar el tiempo, liberándose de esas pesadas estructuras con la que el hombre ha vivido amordazando" (1960, p. 55). Es en este punto donde es posible encontrar una correlación influyente de la masonería en el movimiento cubista, ya que la liberación dentro del mundo profano y el camino a lo indecible forma parte de uno de los objetivos fundamentales de la masonería, el cual rige sobre la búsqueda de la verdad, el libre pensamiento y la unidad desde la esencia del ser. Todas las estéticas se han basado o bien en un estado de espíritu religioso o bien en una necesidad de comunicar un mensaje o reflejar una realidad.

En el caso de Pablo Picasso, existe una fuerte influencia masónica en la filosofía e ideología pictórica del artista. Es posible identificar algunas filosofías y simbologías de orden masónico, en lienzos como *Los tres músicos* (Figura 4 / 1921) obra realizada en 1921. En este cuadro, se aprecian tres personas, que son representadas por tres formas geométricas.

Si se observa de izquierda a derecha la expresión artística de Picasso llevó al uso del triángulo, el círculo y el cuadrado, mejor conocido como el Matrimonio Alquímico, en este conviven él, lo femenino representado por el círculo, lo masculino representado por el cuadrado y la divinidad que se representa por el triángulo perfecto.

En manuales de masonería es importante contar con la visión de Wirth Oswald (1894), que sostiene que la alquimia, se originó en base al contexto de buscar la piedra de los sabios, de los adeptos, de los librepensadores, como son llamados los masones. El Rito Escocés filosófico contiene en su espíritu de alquimia y misticismo, con el fin de dedicarle la vida al estudio secreto de la naturaleza (1894, p. 15). Es por esto que la arquitectura de la Edad Media se caracterizaba por su alto contenido simbólico, desde los planos hasta los detalles más mínimos en obra presentaban geometría especial, universal y números místicos y sagrados que eran estudiados y aprendidos de la naturaleza y el universo, esto es lo que los librepensadores estudiaban y estudian. El autor sostiene que "las figuras geométricas daban lugar, en efecto, a interpretaciones sobre las cuales se basaba una doctrina secreta que pretendía alcanzar la clave de todos los misterios" (1894, p.16), esta misma lucha sobre el conocimiento y la geometría es la que representó tanto las escuelas pitagóricas de la actualidad, como los grandes pintores paganos del Renacimiento.

Si observamos a Guénon René (1962), suma que existe una correlación entre el deber ser de la arquitectura y la alquimia a partir de la palabra obra:

> La palabra 'obra' se emplea a la vez en arquitectura y en alquimia, y se verá que no sin razón relacionamos ambas cosas: en arquitectura, la conclusión de la obra es la 'piedra angular', y en alquimia, la 'piedra filosofal' (1962, p. 277).

La práctica de la alquimia implica tres elementos principales: la sal, el azufre y el mercurio, lo que conduce a pensar la filosofía del número tres. Dentro de la Masonería, este número está múltiples veces referenciado, por su magia, desde los primeros tres grados, los tres viajes, etc. Para la Masonería el número tres años refleja los años del aprendiz, a su vez esto se vincula con los tres primeros números o principios matemáticos del universo, que distan del número uno, la unidad de todo y

Figura 5. 1910 - *Le Charivari*, ilustración realizada por Juan Gris 1910.

el número dos, la dualidad de la manifestación. El número tres aparece como el ternario de la perfección, como también es conocido por la Santísima Trinidad (Padre, Hijo y Espíritu Santo).

También llama la atención, en el cuadro, el atuendo del guionista de los músicos, quien tiene las partituras. Este último con su atuendo de luto, el cuadrado que predomina en él y su posición dan lugar a una interpretación que podría ofrecer otro tipo de mirada, como lo es el hecho del color negro y el rol del ser quien guía en la escena representada a los músicos, bien podría identificarse como el Gran Maestre o Maestra al llevar la conducción de una tenida.

En una ilustración de Juan Gris para la revista política parisina *Le Charivari* del año 1910 (Figura 5/1910) se expresan explícitamente símbolos masónicos: aparece el triángulo con el ojo que todo lo ve; el compás y la escuadra, simbología de la masonería, escudo y representación de los mismos.

Otra referencia masónica de Juan Gris podrían ser sus numerosas representaciones simbólicas en varios de sus cuadros, un objeto que comparte con Braque y Picasso es el tablero de ajedrez. Entre los años 1915 y 1917, Gris realiza varios cuadros bajo el nombre de *El tablero de ajedrez* (1915-1917). Juan Gris donde se expresa un damero, el cual presenta grandes relaciones con la Masonería, desde su referencia simbólica hasta su presencia dentro del templo masónico.

Dentro de un Templo Masonico, el Pavimento de Mosaico está presente en el ornamento resentado en el suelo, con cuadrados alternativos blancos y negros, frente al Ara, frente a la posición del Gran Maestre en Oriente. Esto simboliza la dualidad del día y la noche, pero ante todo una representación del suelo del Templo del Rey Salomón. Harwood Jeremy (2018) sostiene que simboliza "los aspectos terrenales de la existencia de la humanidad y las pruebas y tribulaciones de la vida cotidiana" (2018, p. 66).

En la actualidad el masón camina sobre este piso bajo la reflexión de la existencia de las situaciones duales y de las tendencias conflictivas de naturaleza material. Así como otros símbolos, estos fomentan la educación del espíritu y la rectitud del accionar, el piso de mosaico que presenta su vínculo con el tablero de ajedrez, también se encuentra en los cuadros de estudios masónicos, que se hacen presente dentro del rito masónico en el templo. Estos cambian en función del grado masónico en el que el indicado está, pero presenta una correlación de símbolos y representaciones. Estos cuadros están compuestos de símbolos y alegorías visuales que responden a representaciones internas y externas de templos no necesariamente reales, sino en su representación simbólica.

Entonces por esta época, Le Corbusier junto a conocidos como Juan Gris, Amédée Ozenfant y Paul Dermée, fue también relacionándose con el mundo ocultista y sobre todo con la masonería suiza y francesa. En esos años y dentro de este ambiente, se movían ciertas publicaciones de carácter masónico, donde tomaban parte diversos artistas como lo hizo Ozenfant en *Promenoir* y *Le Rouge et le Noir*, donde también solía escribir artículos el masón Philippe Soupault. Esta red de publicaciones francmasónicas se extendía a otras revistas como Action (1920-22), en cuyo consejo estaba Paul Dermée, y donde también publicarían Juan Gris y Vicente Huidrobo (Sarriugarte Gómez Iñigo, 2014, p. 527).

Lo expuesto, evidencia una activa participación masónica en la conformación del cubismo presente desde principios del siglo XX en Europa. Tal como se menciona, el cubismo presenta una faceta indecible que simpatiza mucho con el carácter masónico, lo que se desprende del hecho de que los fundadores eran en su mayoría miembros activos de distintas logias masónicas europeas.

El análisis recientemente explorado, permite reconocer el vínculo del arte y la Masonería, sea cual fuese su logia masónica, expresa el trabajo silencioso o explícito de masones llevado al mundo profano. No es una casualidad que el cubismo y la Masonería se vinculen, más allá de lo evidenciado, existe una correlación desde la palabra cubismo como tal. La influencia que se manifiesta en la interrelación entre el cubismo y la Masonería se presenta a través del simbolismo y el sentido que se le asigna a la analogía de las formas simples y perfectas de la naturaleza. Ambos tienen el objetivo de la construcción de un espíritu que es inteligible e indecible, uno a través de la expresión creativa y el otro como escuela de vida donde se busca el conocimiento y perfeccionamiento de sus hermanos.

1.3.3. El purismo y el rol fundacional de Le Corbusier

Posterior al surgimiento del movimiento cubista, como crítica y resultado del mismo emergió el purismo, encabezado y defendido por Le Corbusier y Amédée Ozenfant como principales fundadores. En el año 1918 ambos publicaron un libro titulado *Après le cubisme* (Después del Cubismo) donde redactaron las bases del purismo, al cual se lo entiende como una emanación del cubismo, debido a que discierne en algunos valores y características tales como la búsqueda de orden compositivo, sosteniendo la rigurosidad de los valores de las estructuras geométricas y el origen de la genealogía formal, proponiendo así el desplazamiento del cubismo. Además, indagan juntos sobre la mediación entre la actividad pictórica y la actividad arquitectónica, donde palabras tales como formas puras, lisas, y la geometría se tornan en fundamentos de su movimiento.

Entre la simbología masónica y el purismo existen relaciones como el vínculo manifestado a través de la utilización de la geometría, las matemáticas, las proporciones de la escala humana y la proporción áurea, con el objetivo de alcanzar formas puras significativas y volúmenes de geometría y simbolismo universal en pos de la perfección del ser y la pureza.

Gómez García Alejandro (2002) afirma, a propósito de las formas puras que realiza Le Corbusier que "su fácil simplificación como figuras geométricas las confiere un cierto carácter de inmutabilidad, de permanencia y de universalidad" (2002, p. 111), características que conducen a la producción de una obra de carácter puro y perfecto. Con el purismo presentado como la superación del cubismo, se abre camino a una nueva alternativa donde se fomenta la búsqueda de la verdad, la representación de la realidad y tiene como mensaje la reivindicación de una tradición milenaria que une la ciencia y el arte, expresándose en la economía, la precisión, el rigor y la universalidad.

El purismo que tanto Le Corbusier como Ozenfant proyectaron en su discurso teórico artístico a inicios del siglo XX, constituía una ideología cosmología racionalista, donde la naturaleza no se tomaba como algo mágico, ni milagrosamente secreto ocultista, ni mucho menos fantástico, sino más bien como una máquina proporciona o genera la creación de la forma ideal, la perfección y la belleza dando como resultado una identidad. Es así como el purismo tendría como eje central las formas puras de la naturaleza, algo medible, comprobado y eterno, casi indestructible, la armonía universal, que yace expresada mediante formas geométricas puras, orden, colores, entre otros valores. El purismo no buscó con su mensaje ser sólo un revolucionario que fomentó un nuevo discurso en el hacer y ser del diseño, sino que promovió la reivindicación de una tradición reconocida como eterna y cierta, dentro del arte y la ciencia, que abarca ampliamente todas las actividades y la conciencia humana, que une al ser humano con la naturaleza y el universo, a través de un saber y conocimiento universal.

En lo que respecta al purismo dentro de las artes plásticas, Le Corbusier y Ozenfant utilizan en su representación de la realidad geometrías a partir de formas puras y este último es quien empuja a Le Corbusier hacia las artes visuales, con objetos simples y de uso corrientes, como botellas, guitarras, copas, platos, entre otros elementos preferentemente caseros. Éstos, sostenían los autores, eran lo suficientemente perfectos como para representar esa naturaleza de la cual se habían inspirado, sin proyectar perspectivas ni profundidades, por lo que su arte se compone de líneas planas, curvas y puras.

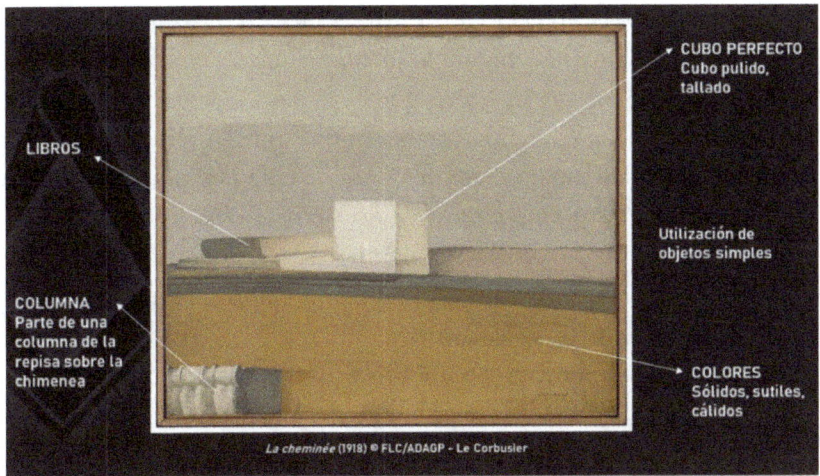

Figura 6. 1918 - *La cheminée* (1918) - Le Corbusier Análisis Serena Dradi.

Figura 7. 1922 - *Nature pâle à la lanterne* (1922) - Le Corbusier. Análisis Dradi Serena.

Le Corbusier pintó en 1918 su primer cuadro purista, titulado *La Cheminée* (La Chimenea, Figura 6/1918), una obra clara, propia de ese nuevo espíritu que es la máquina que lleva a un nuevo lenguaje artístico y expresión de la realidad, tarea que el arte ha tenido desde sus inicios. Cuando se analiza este lienzo es posible identificar el recorte de la estantería sobre una chimenea donde se apoya un cubo blanco, perfectamente pulido y tallado, acompañado a su derecha de libros, y por debajo parece asomarse el ornamento del capitel una columna, reconociéndose el mármol, el detalle que remite a Grecia. Estos tres elementos, sumados a la paleta de colores utilizada por Le Corbusier, evidencian los elementos de los cuales tomó su inspiración y reversión en base a su teoría y discurso, dando inicio a un nuevo movimiento que tiene sus raíces en la arquitectura clásica, tradicional.

Otra obra que evidencia el aporte de Le Corbusier al purismo se titula *Nature pale a la lanterne* (Naturaleza Pálida con una Lámpara, 1922), pintura realizada por Le Corbusier en 1922. En esta obra se puede apreciar nuevamente la representación de objetos simples y cotidianos, seguido de otras superposiciones de representación más intervenidas. Es posible reconocer copas, botellas, un jarrón y el número tres en los detalles ornamentales. Se utiliza mucho la circunferencia, la curva y la recta, los colores cálidos, las formas planas y puras, avanzando en la geometrización, incorporando la espiral, los ángulos y puntos.

Si bien es una breve descripción de los objetos que un observador podría apreciar, si se profundiza en el trazo del lienzo, desde una desfragmentación geométrica, es posible visualizar ángulos y líneas que ordenan y componen el cuadro. Dentro del anexo de la presente investigación se encuentra el cuadro de Le Corbusier intervenido con el objetivo de un análisis de campo y observaciones sobre el mismo (Figura 7/1922). Este análisis permite identificar un eje principal representado por la copa en el centro del cuadro, con dos ángulos que se presentan de forma equitativa y espejada a partir del eje principal señalado, una geometrización muy utilizada por Le Corbusier.

Un caso similar se encuentra en la obra *La bouteille de vin orange* realizada en el año 1922, donde se repite una composición geométrica que se va desfragmentando en base a la construcción de los objetos que

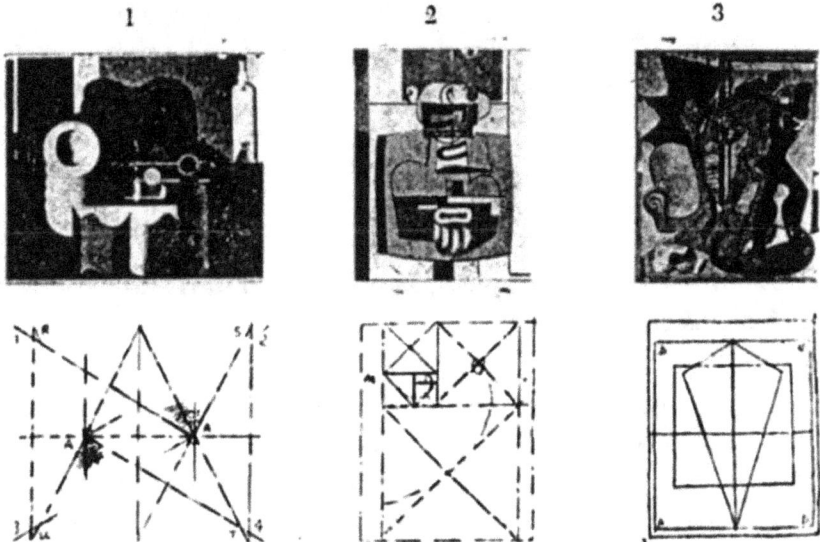

Figura 8. 1920 - *El Modulor* - img 92, p. 200 (1953).

representa Le Corbusier. Esta geometrización y estos trazos los aplica también en *Still Life* (Figura 8/1953) del cual deja un antecedente en su libro El Modulor, donde describe una composición geométrica entre ángulos sobre este cuadro.

Con estas técnicas Le Corbusier establece junto a Ozenfant el propósito del purismo, que tal como lo sugiere Stanislaus von Moos (1977), es el de traer un mensaje de una tradición, "una llamada al orden para la restauración de los valores tradicionales, declaradas eternos y que, a partir del arte, abarcan la totalidad de las actividades humanas" (1977, p. 71). Esto es así a partir de la reivindicación de estos conocimientos geométricos aplicados en técnicas artísticas y discursivas, donde existe una defensa de la geometría aprendida de la naturaleza sobre la conciencia humana.

La producción pictórica de Le Corbusier representa un gran repertorio de conocimientos y sabidurías sobre la geometría, la proporción, los recursos de las imágenes y la identidad. Si bien las obras pictóricas de Le Corbusier son muchas, estas obras citadas poseen objetos y símbolos de todas clases y poseen claves que permiten conocer al arquitecto a través de sus pinturas un germen masónico que constituye las bases para el discurso teórico del purismo.

•

• •

1.4. Símbolos y significados masónicos en el purismo de Le Corbusier

Desde su juventud Le Corbusier demostró su talento por el dibujo y los detalles, con tan solo catorce años ingresó a la Escuela de Bellas Artes, fundada en siglo XIX con una gran especialización en formación de grabadores y operarios de la industria relojera. En dicha escuela Le Corbusier conocería a Charles L'Éplattenier (1874-1946), pintor y arquitecto de origen suizo, quien tuvo un rol muy importante dentro del *Art Nouveau*. Este artista sería el primer gran mentor de Le Corbusier, quien le daría su primera encomienda y quien le diría que debía viajar para conocer, para nutrirse y explotar al máximo sus talentos. En esos años estudia artes, abordando la pintura, la escultura y su primer interés por la arquitectura, así es como llega a la instancia de que le sea encomendado a la edad de dieciocho años la construcción de una villa, una casa para un miembro del comité de la dirección de la Escuela de Bellas Artes.

Le Corbusier en 1918 realizó su primer cuadro purista, titulado *La Cheminée* (Figura 6/1918), a continuación, se analiza esta obra desde una perspectiva masónica, desde la cual es posible identificar elementos que contienen una gran connotación y significado simbólico masónico que nutre a su vez el discurso troncal que representa el purismo para con el cubismo. Dentro del cuadro se observa un cubo blanco pulido, perfecto en sus seis caras, sobre una superficie plana que representa el estante superior de una chimenea. A su lado derecho dos libros cerrados y, por último, debajo a la izquierda se puede observar el ornamento de una columna. Se entiende que al ser una obra purista de Le Corbusier, se podría considerar que debería representar cierta ambición del nuevo espíritu a declarar y las bases del pintor que estaba emergiendo. Los objetos que elige representar en esta obra presentan un simbolismo que se puede encontrar en la Masonería, como es el cubo, del cual se profundizó anteriormente cuando se habló del simbolismo dentro del cubismo; al mismo tiempo acompañan en el lienzo libros, el ornamento de una columna y un lienzo rosado en la parte derecha que pareciera ser el frontín de la repisa, que también podría interpretarse como una regla, un listón de madera posicionado sobre la estantería.

El libro, para la Masonería, tiene una presencia fundamental en el templo como elemento esencial para la ejecución del rito, este es un libro sagrado, como puede ser la Biblia, también se hace presente el libro de la Constitución. Dentro de la Masonería, el libro sagrado simboliza la verdad, tiene una ubicación específica en el Templo y el iniciado busca interpretarla por medio de sus facultades inteligentes, estas representan la escuadra y el compás, con el fin de comprender y medir en todo lo que esté a su alcance. Le Corbusier pinta en muchas ocasiones libros, sin dar una descripción precisa de sobre qué tratan estos, generalmente los pinta con sus hojas blancas o en el caso de estar cerrado, sin ninguna descripción en el lomo.

Sobre el cubo en la pintura, se puede agregar que existe un vínculo dentro de la Masonería que une a la piedra cúbica con la piedra filosofal (Wirth Oswald, 1894), la base de certeza que cada iniciado debe buscar en sí mismo, con el fin de conseguir la piedra angular de la construcción intelectual y moral que representa la gran obra para los masones. Le Corbusier pintó varias piedras cúbicas en *El cuenco rojo*, (Figura 9 / 1919) un lienzo que realizó en París en 1919. Este cuadro presenta varios simbolismos que se comparten con los casos citados: uno de ellos es la piedra cúbica, otra es la hoja en blanco que parece estar sobre una superficie plana que puede leerse como una mesa. Esta hoja en blanco puede vincularse con el simbolismo del Testamento masónico, que se encuentra en la cámara de reflexión, este representa una instancia de reflexión y fragilidad humana.

En manuales de Wirth Oswald (1894) sugiere que el encuentro con este testamento conlleva el deber de responder por escrito tres preguntas que se refieren a los deberes del hombre para con Dios, para consigo mismo y para con sus semejantes (1894, p. 69). Si se analiza este significado, el purismo defiende el estado y la creación de un espíritu nuevo y puro, algo que bien podría relacionarse con esta instancia de rito masónico, donde hay una oscuridad necesaria para encontrar la luz pura que hace a la búsqueda de la verdad.

Dentro de la cámara de reflexión, se encuentran símbolos y significados alquímicos y, tal como se mencionó previamente, la Masonería contiene muchos conocimientos heredados de la alquimia. En este cuadro llama la atención los colores que utiliza: negro, blanco y rojo. Estos colores se presentan en la alquimia como el proceso de purificación para el renacer de Ave Fénix, la transmutación de esos tres colores, desde el negro, con el Negredo, el blanco o Albedo y finamente el rojo o Rubedo, la persona atraviesa la oscuridad, luego la luz y finalmente el renacimiento, lo que guarda relación con el matrimonio alquímico, otra arista masónica en la que se profundizó anteriormente.

Otra pintura que invita a una reflexión simbólica masónica es *Naturaleza muerta con huevo* (Figura 10 / 1919) que pinta Le Corbusier en 1919. Este cuadro, presenta nuevamente un libro, en esta oportunidad abierto, en la parte superior se encuentra un triángulo recto que bien podría relacionarse con un triángulo pitagórico; sobre él hay dibujado un sobre, que tiene un aspecto muy similar al de un mandil, que es la vestimenta que se utiliza en la Masonería.

Si se observa en el fondo del lienzo, se visualizan dos botellas con un objeto en el medio. Estas botellas poseen una representación muy similar a lo que se citó anteriormente cuando se profundizó sobre las columnas, en este caso, mejor dicho, "entre columnas" las cuales se posicionan al occidente dentro de un templo masónico. El simbolismo de esta frase se profundizó cuando se mencionó la representación simbólica de las dos columnas en un templo, separando lo divino de lo profano, misma la dualidad que se expresa tanto en todos los reinos de la vida y la naturaleza. Frente a esto, es posible interpretar este último caso como el momento en el que el recién iniciado ingresa al templo y recibe en él este nuevo conocimiento.

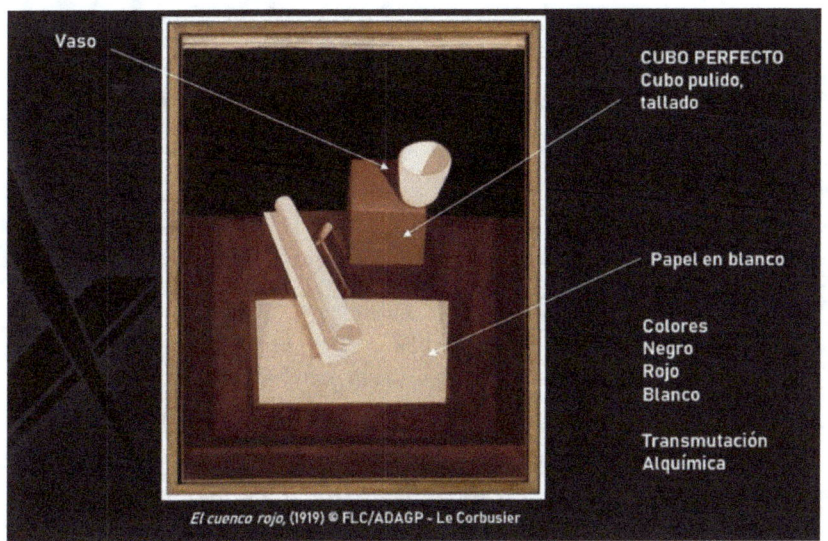

Figura 9. 1919 - *El cuenco rojo* (1919) Le Corbusier + Análisis construcción propia Dradi Serena.

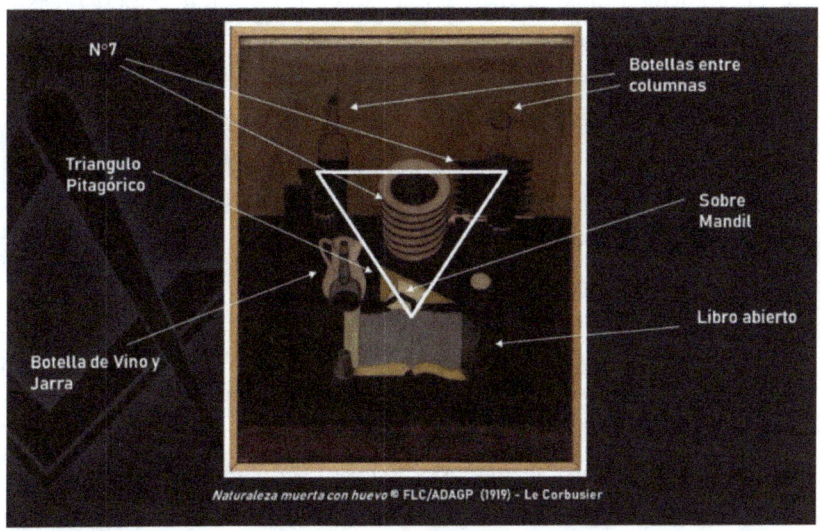

Figura 10. 1919 - *Naturaleza muerta con huevo* (1919) Le Corbusier Análisis Serena Dradi.

1.5. La *Colletione L'Esprit Nouveau* y una revolución masónica en la arquitectura

En el año 1920, un 15 de octubre se fundó la revista *L'Esprit Nouveau*, una importante revista sobre arte francés, cuyas publicaciones se ejecutaron hasta 1925. Editada en París, fue dirigida en sus primeros números por el poeta dadaísta Paul Dermée, sólo participó durante los primeros siete números, Amédée Ozenfant (1886-1966) y Le Corbusier. Años más tarde, estos últimos dos publican el 15 de noviembre de 1918, cuatro días después de la firma del armisticio, *Après le Cubisme*, como crítica al cubismo, como evolución y revolución en la expresión visual, pura y emocional.

Más tarde, se publicó *Vers une architecture*, este libro cuenta con manuscritos de la arquitectura que traducen un deber ser en base a los conocimientos y argumentos de Le Corbusier. En estos escritos Le Corbusier observa que tanto la industria, como las fábricas, los medios de transportes evolucionaron vorazmente, mientras que la arquitectura seguía sin resolver sus principales y antiguas problemáticas.

En su libro *Precisiones*, escrito a raíz de su viaje a América del Sur en 1929, Le Corbusier menciona la creación de *Vers une Architecture* como su primera obra, señala un constructor que representa al nuevo hombre de los tiempos nuevos. Para él, el ingeniero es el análisis y la aplicación de datos, mientras que el constructor representa la síntesis y la creación. En el desarrollo de su primera conferencia en Buenos Aires, Le Corbusier expresa que siempre lo impulsó su motivación por la búsqueda de la verdad y el conocimiento, y confirma tener como maestro al pasado.

Si bien el lema de una búsqueda de la verdad y su perfeccionamiento tiene mucha correlación con el camino a recorrer dentro de una institución masónica, que como se mencionó se considera escuela de vida y obra en contra de la ignorancia y en virtud de la filantrópica, Le Corbusier lleva esta sabiduría a la arquitectura, a la máquina de habitar y a las necesidades del hábitat social. En cierto punto lleva a la revalorización de conocimientos que representan la piedra angular de la creación de la arquitectura.

Este libro es un manifiesto del discurso teórico arquitectónico perteneciente al arquitecto, una recopilación de sus artículos publicados donde declara el horizonte de la arquitectura en base a los avances del hombre para con la tecnología, las fábricas y la producción arquitectónica que permitió el hierro, el hormigón y el vidrio a principios del siglo XX. Por delante la construcción de un nuevo espíritu limpio, puro, un espíritu que se conmueve con lo bello lo que será el protagonista del sentido de producción y la gramática de producción que construye el discurso teórico para con la arquitectura del siglo XX en adelante.

El arquitecto hace un llamado a través de la máquina de habitar, donde "cada órgano de la casa, por la cualidad de su disposición en el conjunto, podía entrar en relaciones emocionales tales que revelasen la grandeza y nobleza de la intención… la arquitectura tiene que servir… tiene que conmover" (1923, p. XVII). En la gramática de producción presente en el discurso de Le Corbusier, es posible identificar aspectos, símbolos y conceptos masónicos.

Dentro de su manifiesto *Vers une Architecture* (1923), se presentan símbolos que subdividen el texto y lo interrumpe dividiéndolos en fragmentos. Dicho símbolo se observa cómo tres puntos que componen un triángulo equilátero (Figura 11 / 2024), esta misma simbología se puede identificar en el Rito masónico escocés antiguo y aceptado que Le Corbusier utiliza en varios de sus libros. Y se implementó en este mismo libro.

Esos tres puntos masónicos, constituyen el emblema del ternario, en su máxima y más simple expresión: el mismo simboliza la escuadra y el compás, símbolos representativos de la Orden, la misma conlleva a una prueba de una perspicacia y sabiduría que quien conoce el valor oculto de las cosas nunca puede negarle. A su vez, los tres puntos representan armónicamente juntos y diferenciados en una unidad oriental y una dualidad occidental, en las tres luces del Ara, en torno del libro de la tradición que llega a través de los siglos la eterna verdad, y de los instrumentos que se necesitan para comprenderla y aplicarla, que como se menciona anteriormente rige por la escuadra y el compás, en una primera instancia.

Tanto el triángulo como el número tres poseen un gran simbolismo dentro de la masonería: además de ser un símbolo de perfección, equilibrio

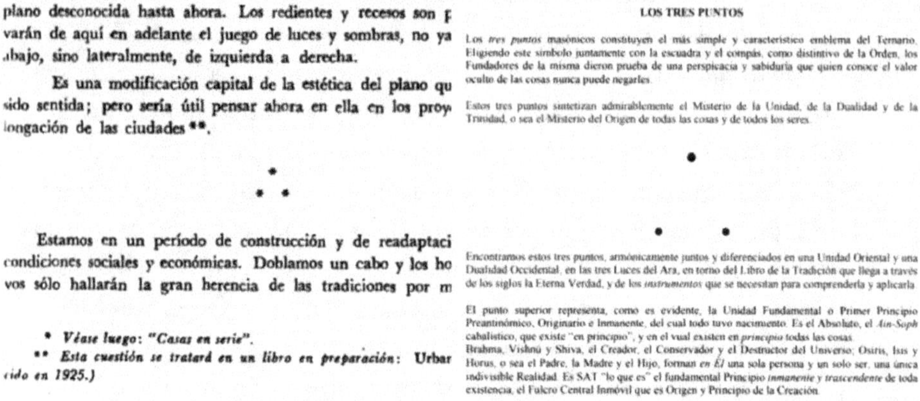

plano desconocida hasta ahora. Los redientes y recesos son p
varán de aquí en adelante el juego de luces y sombras, no ya
.ibajo, sino lateralmente, de izquierda a derecha.

Es una modificación capital de la estética del plano qu
sido sentida; pero sería útil pensar ahora en ella en los proy
longación de las ciudades **.

LOS TRES PUNTOS

Los *tres puntos* masónicos constituyen el más simple y característico emblema del Ternario. Eligiendo este símbolo juntamente con la escuadra y el compás, como distintivo de la Orden, los Fundadores de la misma dieron prueba de una perspicacia y sabiduría que quien conoce el valor oculto de las cosas nunca puede negarles.

Estos tres puntos sintetizan admirablemente el Misterio de la Unidad, de la Dualidad y de la Trinidad, o sea el Misterio del Origen de todas las cosas y de todos los seres.

Estamos en un período de construcción y de readaptaci
condiciones sociales y económicas. Doblamos un cabo y los ho
vos sólo hallarán la gran herencia de las tradiciones por m

* *Véase luego: "Casas en serie".*
** *Esta cuestión se tratará en un libro en preparación:* Urbar
(ido en 1925.)

Encontramos estos tres puntos, armónicamente juntos y diferenciados en una Unidad Oriental y una Dualidad Occidental, en las tres Luces del Ara, en torno del Libro de la Tradición que llega a través de los siglos la Eterna Verdad, y de los *instrumentos* que se necesitan para comprenderla y aplicarla.

El punto superior representa, como es evidente, la Unidad Fundamental o Primer Principio Preantinómico, Originario e Inmanente, del cual todo tuvo nacimiento. Es el Absoluto, el *Ain-Soph* cabalístico, que existe "en principio", y en el vual existen en *principio* todas las cosas. Brahma, Vishnú y Shiva, el Creador, el Conservador y el Destructor del Universo; Osiris, Isis y Horus, o sea el Padre, la Madre y el Hijo, forman en *El* una sola persona y un solo ser, una única indivisible Realidad. Es SAT "lo que es" el fundamental Principio *inmanente* y *trascendente* de toda existencia, el Fulcro Central Inmóvil que es Origen y Principio de la Creación.

Figura 11. 2024 - Análisis Serena Dradi – Le Corbusier (1923) *Vers une Architecture* - Buenos Aires - Editorial Poseidón - Wirth (1894) *El Manual del Aprendiz*, Masonería Revelada.

y un número sagrado, es a su vez los tres años del Aprendiz. En este primer grado, con los tres pasos, los tres viajes de la iniciación, las tres artes fundamentales, la gramática, lógica y retórica, como se demuestra el número 3 representa un elemento del conocimiento de los tres primeros números o principios matemáticos del universo.

Le Corbusier (1923) en su discurso, menciona muchas veces tríadas que él mismo compone, como "los tres llamamientos a los arquitectos" (1923, p. 19 - Argumento), lo que puede vincularse al llamado del aprendiz a las puertas del templo, como así su identificación. Otras declaraciones de la misma índole en su discurso son "las tres advertencias" (1923, p. 7 - Cap. 1) como si diera tres pautas a cumplir por parte de la arquitectura y se asimila con los tres componentes masónicos que el aprendiz adquiere para su reconocimiento.

Sobre las tres advertencias, la primera es el volumen de la ley sagrada, que es considerado como la medida inequívoca de la verdad y justicia (Lomas Robert, 2019). Esta interpretación simbólica del volumen, en el caso de los masones, representa una visión acerca del orden fundamental de la naturaleza del universo y se materializa como un libro de creencias. Este volumen representa la palabra escrita y la sabiduría fundamental de la base de la vida humana, es una forma de generar conocimientos a partir de la creencia del ser y la canalización de su fe.

La segunda advertencia que declara Le Corbusier es la superficie, respecto a lo cual sostiene que los grandes problemas de la construcción moderna tienen que resolverse mediante la geometría, creando realidades plásticas, límpidas e impresionantes. Esta orden debe ser guiada por un plan, la última advertencia (1923, p. XXX). Este último llamamiento puede vincularse con el plan del gran arquitecto del universo, el cual traza con su compás y escuadra, en pos del trabajo masónico basado en las leyes del universo, donde estudia y trabaja su piedra. Al igual que lo hace la Masonería en su primer grado como aprendiz, comienzan un camino hacia una pureza que lo ampara en un espíritu libre y universal como lo es el del aprendiz comenzando a pulir la piedra en bruto para ser una piedra pulida.

En su discurso en *Vers une Architecture* (1923), Le Corbusier refiere a una piedra angular que orienta a las demás piedras con su determinado punto de ubicación. Dentro de la masonería, el primer grado de aprendiz se simboliza como una piedra en bruto, a la cual se debe pulir y trabajar, un trabajo simbólico al que tiene que dedicarse todo aprendiz para llegar a ser el obrero dedicado enteramente a su arte de construir, guiado por un plan generador del Gran Arquitecto del Universo. Con este plan se simboliza el camino de reflexión que deben recorrer los futuros arquitectos para reconocer el sentido de su producción y su impacto en las personas.

En el discurso teórico de Le Corbusier, el arte en general y la arquitectura, se reconoce un sentido de producción de carácter masónico presente en su gramática de producción. Dichos medios de circulación son materializados por sus libros teóricos y su arquitectura pura plasmada en la realidad, donde componentes de orden masónico se hacen presentes como discurso y sendero a seguir para la arquitectura en pos de la belleza y las leyes de la naturaleza sobre el ser humano, con el fin de emocionar e influenciar mediante la armonía y las matemáticas al ser consciente.

Al igual que en *L'Esprit Nouveau* en *Architecture*, en *Almanach d'Architevture Moderne* comparte un manifiesto sobre la arquitectura y el anuncio de un nuevo espíritu, estructurado por la geometría y la naturaleza, ya que tal como sugiere el arquitecto, el espíritu se manifiesta por la geometría (1925, p. 16). Este espíritu se construye poco a poco y como explica Le Corbusier, se perfecciona hasta el punto de buscar procedimientos que permitan la consolidación de obras de pura geometría o en su defecto, obras donde la geometría pueda llevar todo lo que es capaz de potenciar, donde entran en juego las proporciones que son el lenguaje de la arquitectura y que se expresan en la perfección del sistema ortogonal.

En el caso de Le Corbusier, la arquitectura tiene el deber de ser emocional y afectar intensamente el sentido del ser consciente. Es por eso que en dicho libro declara que en la misma se deben aplicar las leyes del universo y la naturaleza, mediante las cuales el arquitecto ejecuta un ordenamiento de formas que trabajan intencionalmente sobre la sensibilidad de ser, Le Corbusier menciona en su manifiesto, que las emociones plásticas son capaces de generar resonancias que derivan en reacciones dentro del espíritu y el corazón percibiendo así la belleza (1923).

Entre el cubismo y el purismo, es posible identificar influencia de carácter masónico, a través del discurso, la defensa de un orden ideológico, el espíritu y la técnica. Se reconoce así la reivindicación de conocimientos pertenecientes a tradiciones que en este caso incumben al arte, la arquitectura, la geometría, la humanidad y el universo. En defensa del reconocimiento de esta influencia masónica, se evidencia en los discursos y representaciones de los casos recorridos en este capítulo el doble discurso y la inclusión de símbolos masónicos que se repiten en sus obras.

CAPÍTULO 2

Le Corbusier y la Masonería

2.1. Le Corbusier y los vínculos personales y familiares con la Masonería

Tal como se presentó en el capítulo anterior, es posible evidenciar que tanto amigos como familiares de Le Corbusier mantenían una relación con la Masonería. Entre sus amistades y socios principales, una de las personas que llevó a Le Corbusier al purismo fue Amédée Ozenfant, miembro de la *Loge Art et Science* de París; Juan Gris, quien fue iniciado en la Masonería en 1923 en la *Loge Voltaire*; y en esta logia se encontraba René Allendy (1889-1942) un psicoanalista francés (J.K. Birksted, 2009).

Tanto Juan Gris como Le Corbusier, compartieron muchas tardes de su vida junto con Picasso, en la residencia de Gris de Boulogne que se convirtió en un espacio de enriquecimiento cultural, filosófico y espiritual entre personas destacadas, como Lipchitz y el Dr. René Allendy (Sarriugarte Gómez Iñigo, 2014).

Entre los lugares que frecuentaba Le Corbusier, existen dos muy significativas tanto para su carrera como para la cultura de París de principios y mediados de siglo XX: la casa de Gertrud Stein y la de Natalie Clifford Barney. Estos encuentros involucran a artistas varios, escritores, poetas, músicos, personajes de la cultura parisina relevantes y destacados, los '*dimanches de Boulogne*', entre otros. Posteriormente, en la casa de Clifford Barney viviría muchos años junto a su pareja Ivonne, donde convivió con una construcción que lo haría recordar sus raíces masónicas.

Por otro lado, Le Corbusier construyó en los años 1926 y 1928, en Garches (Francia), la Villa Stein, también conocido como Villa Stein de Monzie, ya que fue construida para Michael Stein, hermano de la escritora

Gertrud Stein, y su esposa Sara, y más tarde sería habitada por Gabrielle de Monzie, quien había estado en matrimonio con Anatole de Monzie.

En este punto es importante destacar que Gertrud Stein fue retratada por su amigo Picasso entre los años 1905 y 1906 en el lienzo *Retrato de Gertrude Stein*. Picasso inmortalizó a su amiga que fue una de primeras pioneras escritoras estadounidenses en defender las vanguardias artísticas que surgían en París a principios del siglo XX. Picasso y Stein, realizarían publicaciones y exposiciones, lo que constituyó una gran alianza que nutre aún más la hipótesis de los vínculos y las recomendaciones entre estos grupos sociales para sus encargos y trabajos, lo que involucra a Le Corbusier.

Entre otros grupos que frecuentaba Le Corbusier, el autor Birksted J. K. (2009) declara que fuera de la red de jóvenes artistas e intelectuales que frecuentaba Jeanneret estaban otros círculos selectos de Chaux de Fonnier. A este grupo se accedía mediante recomendación y votación de los miembros. Nuevamente tal como es la hipótesis que persigue la presente investigación, respecto a la influencia y presencia de masonería en la producción del arquitecto, el autor señala que existen los archivos de Le Corbusier donde es posible identificar "rastros indirectos ocasionales de otra sociedad prestigiosamente selecta de Chaux de Fonnier, la logia masónica, que se pueden cotejar con otros diarios" (2009, p. 79). El autor no brinda fechas específicas, pero sí declara que existen fuentes que refieren a Le Corbusier como un iniciado de la Gran Logia Alpina Suiza, particularmente la *Logia La Réelle Fraternité*, y también perteneció a la *Société des Amis des Arts* (Birksted, 2009, p. 101). Se realizaron los contactos correspondientes para confiar esta información, pero los mismo no fueron respondidos, solo se cita el caso para tener más información.

En la ciudad donde nació Le Corbusier, su familia tiene un rol fundamental como también lo fue para esta ciudad la *École d'Art*. Birksted J.K. (2009) sostiene que la *École des Beaux Arts* no sólo tenía una importancia cultural general en La Chaux-de-Fonds, sino que también tenía una importancia específica para Charles Édouard Jeanneret a través de sus maestros. Fue dentro del contexto histórico de Chaux de Fonnier donde emergió el industrialismo relojero con la cultura francesa importada a través de la *École des Beaux Arts*.

Entre los maestros de Le Corbusier se encuentran Schaltenbrand y L'Eplattenier, ambos dictaron clases en la École des Beaux Arts (2009). Francis Aubry Schaltenbrand (1888-1976) fue relojero y empresario en La Chaux-de-Fonds en la primera mitad del siglo XX, hijo de Irénée Aubry, pionera en La Chaux de Fonds dentro de la industria relojera. También fue un maestro exitoso y admirado debido a sus éxitos profesionales. Además, Schaltenbrand obtuvo numerosos premios en concursos en la *École des Beaux-Arts*. Fue reemplazado en la *École* durante los años 1902-1903 por L'Eplattenier.

Birksted J.K. (2009) señala que ambos maestros poseían diferencias ideológicas y estéticas fundamentales: L'Eplattenier recibía encargos de carteles para el ejército, mientras que Schaltenbrand pertenecía a la *Loge'Amitié*, misma logia a la que pertenecía y fue presidente el padre de Le Corbusier, lo que se profundizará en el siguiente apartado de este capítulo. Schaltenbrand había sido iniciado en 1886 en el eminentemente prestigioso e intelectual *Loge La Clémente Amitié* en París.

Respecto a L'Eplattenier, al igual que Le Corbusier realizó trabajos con y para masones. Un encargo especial es del caso Robert Belli, miembro de *L'Amitié*. El diseño de Belli es rico en carácter del simbolismo masónico ya que utiliza un básico del cubo blanco, una piedra pulida sobre una base de piedra en bruto, coronada por una pirámide (un techo piramidal blanco de tejas blancas de amianto), y un dispositivo metálico que es la chimenea del crematorio (2009).

El diseño de Belli también incluyó dos escaleras simétricas con giros a la izquierda y a la derecha, simbología masónica que se relaciona con las columnas de los templos y a su vez con el templo de Salomón desarrollados en el primer capítulo. Birksted J.K. (2009) señala que la influencia de L'Eplattenier sobre este diseño, "destruyó este partido masónico básico al añadir un pórtico que sobresale como una iglesia, una escalera rígidamente formal, bajorrelieves decorativos de piña y Estatuaria dorada alegórica de Pompier" (2009, p. 116).

Entre los miembros de la logia masónica de la *Logia L'Amitié* y de *Les Vrais Frères Unis* en Le Locle se encontraban aspirantes de la nueva arquitectura de Jeanneret después de 1912. Uno de ellos fue Paul Ditisheim (1868-1945) quien fue un relojero, inventor e industrial suizo, para quien Jeanneret realizó varios diseños de interiores importantes, también miembro de la *Loge L'Amitié* en La Chaux de Fonds (Birksted J. K.; 2009; p. 102) logia a la que pertenecía el padre de Le Corbusier.

Para 1910, Jeanneret ya había trabajado con otros miembros de la *Loge L'Amitié* como es el caso de "una habitación en el apartamento en el número 30 bis, rue Grenier para Émile Moser, quien un año antes había sido nombrado Compagnon (el segundo nivel masónico de *Fellow Craft*) en la *Loge L'Amitié*" (2009, p. 102). Esta remodelación contaba con intervenciones simbólicas que hacían alusión a las columnas verticales de soporte y el friso pintado horizontal que se encuentran en el interior del Templo de la Logia L'Amitié.

Por último, Birksted J.K. (2009) comparte que William Ritter (1867-1955), quien fue un pintor suizo, novelista y crítico que escribió sobre las obras de Charles-Édouard Jeanneret, se preguntaba si Charles Édouard Jeanneret en vínculo con L'Eplattenier, se había convertido en miembro de una logia, sobre lo cual Birksted J. K. (2009) cita:

> En varias ocasiones se han convencido de que, en el mundo masónico y relojero de La Chaux-de-Fonds, las personas nacen en los zapatos de su padre. Además, Charles L'Eplattenier comenzaba a adoctrinarlo en nombre de la logia: '¡Más tarde! ¡Después! Te daré una señal cuando llegue el momento'. No me gusta hacer preguntas indiscretas y nunca pregunté si había llegado ese momento. Pero el rápido ascenso de los Corbusier sí bueno, tienen alguna base oculta (2009, p. 121-122).

Este cuestionamiento permite demostrar la influencia en su obra y vida, su arquitectura y discurso teórico moral con bases masónicas. Esta circulación ceremonial, social y su simplicidad constituyen antecedentes de la influencia de la arquitectura moral de la masonería en Le Corbusier, que aspira desde sus comienzos a ser una arquitectura universal.

Otro acontecimiento digno de destacar se vincula con las conferencias brindadas en 1924 en la Sorbona bajo el título *L'Esprit Nouveau en Architecture en Almanach d'Architecture Moderne* analizadas en el capítulo anterior. En la información pública sobre este evento se hace referencia a una logia masónica de Boston, Estados Unidos, denominada La Orden de la Estrella del Este. Fundada en 1850 por el masón estadounidense Robert Morris, se trataba de una organización paramasónica filantrópica y patriótica de mujeres que se diferenciaban de las organizaciones masónicas ortodoxas porque hacían un uso distinto de sus significados, como se advierte en el vínculo con lo esotérico.

En esta institución masónica, Le Corbusier desarrolló una ponencia publicada en *L'Esprit Nouveau en Architecture en Almanach d'Architecture Moderne*, en la que brindó ubicación del lugar de forma explícita, presentándose en una logia masónica frente a hombre y mujeres en defensa de la arquitectura.

2.1.1. Georges Édouard Jeanneret, el padre masón de Le Corbusier

Charles Édouard Jeanneret Gris nace el 6 de octubre de 1887 en La Chaux de Fonds, Suiza, en el seno de una familia burguesa dedicada a la industria de la relojería por parte de su familia paterna y a la música por parte de su madre. En esta ciudad, relata Stanislus von Moon (1977), el padre de Le Corbusier y su abuelo representan roles importantes, ambos fueron esmaltadores de profesión en la relojería, además que el padre de Le Corbusier permaneció como pendiente en la sección del Club Alpino de La Chaux de Fonds (1977).

Para comprender e identificar las raíces masónicas de Le Corbusier, es importante ahondar en quién fue su padre. Birksted J. K. (2009) declara que una persona que conocía a Le Corbusier, Bech, "era miembro tanto del prestigioso Club Alpino Suiza sección La Chaux de Fonds, del que el padre de Charles Édouard Jeanneret, Georges Édouard Jeanneret, era presidente, como de la logia masónica local, *L'Amitié*, que era también un enorme prestigio" (2009, p. 71). Este punto es una de las raíces empíricas principales de la influencia masónica del arquitecto suizo francés, donde su padre hace al reconocimiento de la institución y sus valores, además de sus beneficios. El taller relojero de Édouard Jeanneret-Rauss, (abuelo de Le Corbusier), en la Chaux de Fonds, se ubica en la rue de la Loge 6 y la *Loge L'Amitie* en la Rue de la Loge 8, el edificio contiguo. (Figura 12 / 2024).

Figura 12. 2024 - Análisis Serena Dradi – Ubicación Taller relojero y la *Loge L'Amitie*.

Figura 13. 2023 - Templo *L'Amitié* - Chaux de Fonds en Suiza.

Figura 14. 2023 - Templo *L'Amitié* - Chaux de Fonds en Suiza.

Tiempo después de la muerte de su padre, Édouard Jeanneret-Perret (padre de LC) se muda a la Villa Jeanneret Perret, diseñada por su hijo, Le Corbusier. El taller de relojería pasó del abuelo de Charles Édouard Jeanneret a su padre, ubicado al lado de la *Loge L'Amitié* en la Chaux de Fonds. A pesar de las múltiples mudanzas de la familia, durante diecinueve años, entre 1893 y 1912 esta dirección del atelier se mantuvo constante.

Esta logia, ubicada justo en la edificación contigua al taller de la familia de Le Corbusier, fue fundada en 1819 por masones pertenecientes a la *Loge de Locle*, que en el año 1807 buscaban lugares cercanos donde sus miembros pudieran vivir y reunirse. Es así como Hermanos domiciliados en la Chaux de Fonds y en el valle de Saint Imier, un 14 de agosto de 1819 logran la apertura de la *Loge L'Amitié*, su carta patente constitucional la obtiene en el año 1821.

El templo fue inaugurado el 20 de diciembre de 1820, sufrió saqueos y finalmente fue demolida, siendo reconstruida en los años 1844 y 1845. Este edificio se encuentra en funciones en la actualidad, en la misma ubicación. Esta logia ha estado bajo la Gran Logia Suiza Alpina desde el año 1844, de acuerdo con los principios de la masonería tradicional y regular. Georges Édouard Jeanneret fue presidente de la *Loge L'Amitié* y existen archivos de Le Corbusier donde se encuentran rastros ocasionales de otra sociedad de *Chaux de fonnier*, logia masónica, que se pueden cotejar con otros diarios (Birksted J. K., 2009, p. 79).

Esto evidencia una arista fundamental y fundacional del vínculo de la Masonería con Le Corbusier, ya que reconoce la participación masónica institucional de miembros de su familia, amigos y colegas. Además, la proximidad física entre el taller de relojería de la familia de Le Corbusier y la logia masónica local, demuestra la influencia y los antecedentes que brindan los vínculos con esta logia. Esto se ve, asimismo, en la reivindicación de escritos del arquitecto publicados donde se expresa de primera mano, la presencia y el ejercicio de conferencias en edificios pertenecientes a instituciones masónicas, como lo es el caso citado de 1924 en la *Ordre de L'Étoile d'Orient*, en Estados Unidos.

Otro suceso particular a resaltar es el hecho de que permanece mucho tiempo frente a una construcción que le haría recordar a diario la logia de su padre, como la ciudad en la que nació y su vínculo con la

Figura 15. 2022 - Templo llamado *À L'Amitié* - Rue Jacob 20, Paris.

masonería. En la propiedad en la que vivió desde el año 1917 hasta 1934, Le Corbusier en París con Yvonne Gallis (1892-1957) presenta una particularidad y cierto secretismo en torno a una construcción en el terreno.

La casa en la rue Jacob 20, perteneció a Nicolás Simón Delamarche y su esposa a finales del siglo XVIII. En un rincón del patio se encuentra un Templo llamado *À L'Amitié* (Figura 13 / 1922) que fue construido entre 1804 y 1822 (Rue Visconti, 2024) por el matrimonio Delamarche.

En un artículo web publicado sobre este templo, se expresa que Delamarche se inició en una orden masónica en 1777 y que perteneció realmente a la *Loge Choice* y, por lo tanto, no se descarta en absoluto actividad masónica en el lugar. Birksted J. K. (2009), en relación con esta propiedad, sugiere que:

> *À L'Amitié* inscrito en su frontón, en recuerdo de la vista desde el taller de relojería de su familia, La Chaux-de-Fonds con su comprensión simbólica y cultural permaneció siempre presente para Charles-Édouard Jeanneret de una manera 'que se revela a aquellos a quienes puede interesar' (2009, p. 126).

En base a lo recorrido, y en virtud de esta investigación, se multiplica el número de referencias respecto al vínculo de Jeanneret y la Masonería. Esto permite no sólo resaltar estos vínculos, sino también arribar comprender las posibilidades y reinterpretaciones de aportes ideológicos presentes en sus publicaciones, discursos, conferencias y cartas. A su vez, permite comprender la influencia de estos encuentros, como también construir una nueva lectura de las intenciones del arquitecto y el impacto que sería capaz de generar.

2.1.2. La Chaux-de-Fonds y la logia masónica *L'Amitié*

La Chaux de Fonds fue la cuna de Le Corbusier y de su familia, quienes tuvieron una gran influencia en la logia masónica *L'Amitié* y la industria relojera. Birksted J. K. (2009), señala que Georges Édouard Jeanneret, en una oportunidad en uno de estos encuentros institucionales, donde la política, la cultural y la burguesía coincidían, se refirió a la relación institucional que se presentaba y el enriquecimiento y agradecimiento de dicho vínculo, del cual era partícipe:

> Me dirijo a la sección La Chaux-de-Fonds del Club Alpin Suisse para agradecerle la amable acogida que hemos recibido. Apreciamos este signo de simpatía y si lo aceptamos sin reservas, es porque ciertas analogías, ciertos puntos de contacto permiten una asociación más estrecha entre la logia masónica y el Club Sección Alpina La Chaux-de-Fonds (Birksted J. K. 2009, p. 80).

Estas instituciones a la vez eran asociaciones voluntarias de la sociedad civil de la ciudad, por ende, se comprende la influencia y trascendencia de la relación entre masones y entre masones y la sociedad local. Estas no ocurrían sólo en ese lugar, sino que era un fenómeno mayor. Esta sería la cuna de muchos encuentros culturales, filosóficos y filantrópicos que fueron la piedra angular de la culminación de vanguardias, sucesos históricos, vínculos y sobre todo crecimiento.

Es importante reconocer que durante la Segunda Guerra Mundial muchas logias francesas se disolvieron, fueron saqueadas y sus miembros deportados a campos de concentración. Birksted J. K. (2009), señala la existencia de persecución de judíos, masones y socialistas por la policía secreta, tras la invasión de Francia en 1940, donde muchos registros masónicos fueron secuestrados. También señala la existencia de "la conciencia de la importancia de la *Loge L'Amitié* en La Chaux-de-Fonds en el siglo XIX y principios del XX está implícita en las historiografías locales" (2009; p. 81). Estos hechos, alimentan la idea de por qué el vínculo de Le Corbusier con la masonería era distinto, discreto y secreto, habiendo sido un arquitecto político, ya que el vínculo o reconocimiento de la cercanía y pertenencia a instituciones masónicas no era algo bien visto o aceptado en ese entonces. En este último aspecto pone el foco la presente investigación, enfocada en visibilizar una parte de la vida del arquitecto que ofrece otro discurso para las escuelas de arquitectura.

Si bien su vínculo con la Masonería es un hecho, basado en el rol de presidente que ejercía su padre en la logia *Loge L'Amitié* y sus amistades analizadas en el capítulo anterior, analizar su ideología y discurso personal ofrece aún más herramientas de enriquecimiento. Estudiar y analizar su filosofía y su poesía lleva a conocer valores de índole personal y ofrece una mirada que permite comprender su filantropía y su vocación por la sociedad y, por ende, su propuesta de pugnar por una arquitectura para las personas.

A finales del siglo XIX, la logia *L'Amitié* había multiplicado asombrosamente su número de miembros en La Chaux de Fonds, lo que demostraba el impacto que había causado en la localidad y la influencia que ejercía. La logia estaba asociada a una política particular, estrechamente asociado con los notables, los funcionarios de la localidad. Sintomática de estos compromisos cívicos era la pertenencia de dueños de los medios de comunicación, los transportes y los sistemas de comunicación.

En efecto, frecuentaban esta logia personas como Finkboner, que era director de tranvías; Ernest Péclard, director de telefonía y servicio. Estos datos que brinda Birksted J. K. (2009), permiten demostrar una construcción de vínculos e influencias que evidencian de forma empírica la trascendencia del corpus institucional masónico de la ciudad ya la sabiduría de ciertos círculos sociales, donde partícipes activos de grandes cargos frecuentaban estas instituciones con el fin de iniciarse y emprender así el camino masónico.

La logia presidida por el padre de Le Corbusier era un espacio que frecuentaban personas que trabajaban en las áreas industriales y artesanos relojeros reconocidos, financieros, funcionarios públicos y profesionales, tal como defiende la masonería, podían reunirse y conversar a través de fronteras étnicas, religiosas e ideológicas, sin ofender ni influir en ellas. Esta logia, en los años 1900 estaba demandada por el progreso social y político a través de actividades humanitarias y caritativas, tareas filosóficas y filantrópicas como la creación de guarderías, programas de alimentación para los pobres, desarrollo de la educación y de los ideales de la educación y los ideales de cooperación y fraternidad. Pertenecer a *L'Amitié* representaba la virtud de un estatus y estima social, de contactos y de una fuerte filantropía que representaba la benevolencia y generosidad de sus miembros.

El investigador Stanislao von Moon (1977) sugiere, sobre Le Corbusier, que, de no haber sido por el pensamiento representativo de un hombre del siglo XVIII, un racionalista que defendió el lema *"liberté, égalité et fraternité"* (1977, p. 19) este no hubiera sido el mismo. Estas logias modelo de una sociabilidad de clase media de finales del siglo XIX y principios del XX, perseguían un sentido ideológico de comunidad, fraternidad y confianza en una dimensión internacional, como las redes masónicas que trascendieron en las culturas, los tiempos, las sociedades, los países y las ciudades, y que cada masón llevó de forma austera y secreta, con el fin de expandir lo adquirido en el mundo profano.

2.2. Significados y símbolos en los funerales de Le Corbusier

En 1965, un 27 de agosto, se dio a conocer en toda Europa y en el mundo la noticia del fallecimiento del prestigioso y conocido arquitecto Le Corbusier. Durante sus últimos años el arquitecto se encontraba en una cabaña, Roquebrune en Cap Martin, en el mediterráneo francés cerca de la Casa E1028 de Eileen Gray, donde se conservan hoy en día, los murales hechos por Le Corbusier en una profanación que hizo a la casa en un fin de semana de Semana Santa. Pasa varios años frecuentando esta cabaña, con su esposa y solo, esta casa representa una de las obsesiones más grandes de Le Corbusier, pero no entra esa historia aquí. En sus últimos días, habitaba un pequeño recinto a orillas del mar desde donde observaba la naturaleza y aprendía de ella cada día, con una vista particular y poética para la ideología del arquitecto. La Fundación Le Corbusier, describe en su cronología una serie de homenajes y presencias por el fallecimiento del arquitecto que duró cinco días, durante los cuales su cuerpo fue despedido en varios lugares antes de regresar a Cap Martin, Francia, para su entierro junto a su esposa, fallecida en 1957.

Le Corbusier diseña la lápida y el receptáculo donde descansaría posteriormente, con un poema que relaciona el sol, la luna y el mar. El diseño del receptáculo está compuesto por formas geométricas simples y presenta una lápida pintada en su mitad con los colores fríos del mar y la otra mitad con los colores cálidos del atardecer. Estos elementos son de gran carga simbólica masónica: el sol y la luna. Sobre el sol, para la Masonería, además de gobernar el día, las logias masónicas se ubican en dirección de oriente a occidente para la recreación de sus ritos, como así también ubicaban en la antigüedad los edificios y templos de adoración divina. Este recorrido donde el sol sale por el oriente, donde se encuentra el sitial del Gran Maestro, símbolo de luz y sabiduría; resplandece al mediodía en el sur y se pone en el occidente. Esta luz blanca o luz espiritual, simboliza el alma del masón y su gran área espiritual que lleva en el trabajo, luz a la oscuridad terrenal.

En contraposición, regresando a la lápida, debajo de Le Corbusier y los colores del atardecer, en la lápida se expresa de forma simbólica el lado femenino, representando a Yvonne, la pareja de Le Corbusier, ilustrada con los colores de la luna, que gobierna la noche. Lomas Robert (2011) sugiere que: "el Sol y la Luna son mensajeros de la voluntad de Dios y su ley es la concordia" (2011, p. 148). Metafóricamente, es de una gran poesía ver a estas dos personas como grandes mensajeros de una divinidad: la luna refleja la luz del sol, así como Le Corbusier dio luz a la oscuridad en la arquitectura.

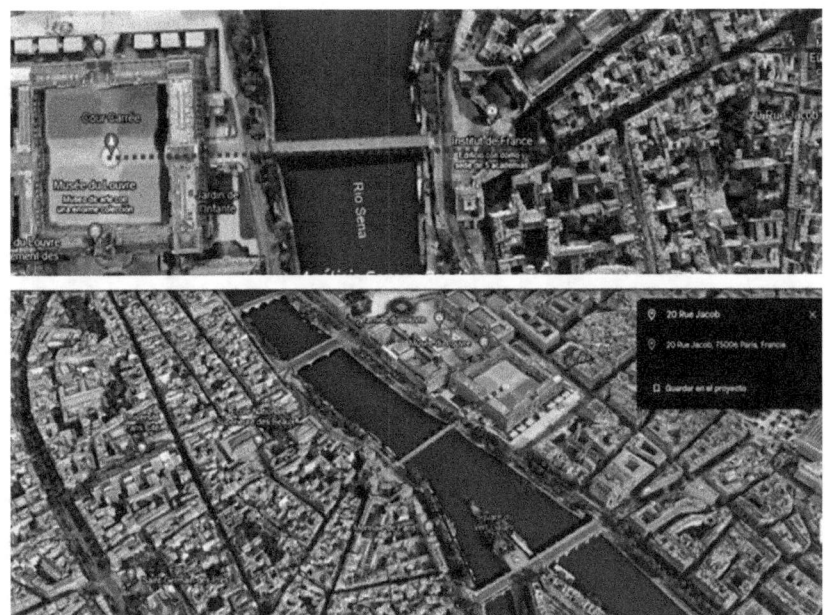

Figura 16. 2024 - Funeral 1965 de Le Corbusier.

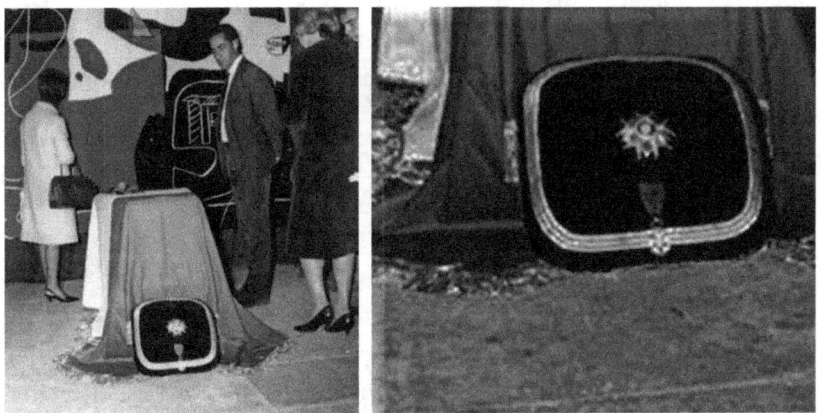

Figura 17. 2024 - Funeral 1965 de Le Corbusier.

El día 31 de agosto de 1965, su cuerpo tuvo una parada más en el Convento Sainte Marie de la Tourette, ubicado en la rue de Lyon, *L'Arbresle*, en Francia, construida por Le Corbusier entre 1957 y 1960 en hormigón, una obra representativa del discurso ideológico arquitectónico que defendió en un momento de su carrera, fiel al hormigón y su virtud de plasticidad.

Por su fallecimiento se llevó adelante una gran ceremonia en un lugar histórico y muy particular. Algo importante a tener en cuenta es que desde su antiguo departamento en la calle 20, donde estaba el Templo *L'Amitié*, éste se ubica de forma equidistante, a aproximadamente 650 m, del Museo Louvre. Si se observa, es posible identificar una línea que une el lugar donde Le Corbusier había vivido por muchos años, 20 Rue Jacob en París y uno de los lugares donde sería homenajeado, el Museo del Louvre. Esta observación es propia de esta tesis y se la identifica como poética y simbólica ya que vincula un lugar donde permaneció Le Corbusier y uno de los reconocimientos en su fallecimiento. También es importante resaltar la ubicación del templo que se encuentra en el patio de este departamento, anteriormente mencionado.

Específicamente el 1ro de septiembre de 1965 se organiza un funeral nacional en el patio del Louvre, Cour Carrée, con gran asistencia de público y una gran organización. En el interior (Figura 15 / 2024) se identifica una medalla sobre un almohadón que parece tener símbolos masónicos, ya que presenta un ojo y aristas de algunas figuras que parecieran ser triángulos.

Le Corbusier obtuvo en la *Ordre national de la Légion d'honneur*, en Francia, una medalla que se le concede a personas, ya sean franceses o extranjeros, por méritos extraordinarios realizados dentro del ámbito civil o militar. Esa medalla es la que se encuentra debajo de la que se observa como una posible medalla masónica. Esta medalla central tampoco es la Medalla de Oro del AIA o del RIBA que recibió en 1953, ni la Medalla Frank P. Brown que obtuvo en el año 1961, ni el Premio Sikkens que obtuvo en 1964 en el Museo Stedelijk de manos de Sandberg (1890-1975).

El fallecimiento de Le Corbusier no sólo declara la relevancia del arquitecto para muchos países, sino también el aporte filantrópico y humano que realizó al mundo. Un arquitecto político que viajaba buscando al comitente perfecto, cambiar ciudades, hacer urbanismo, contagiar sus ideas y ser escuchado. Los sitios que recorrió su cuerpo no son ciertamente lugares comunes o de fácil acceso.

•

• •

2.3. Los viajes de Le Corbusier en Argentina: primera parada, Buenos Aires

En 1928, Le Corbusier presentaba diferencias ideológicas con el Congreso Internacional de Arquitectura Moderna (CIAM), entre ellos un grupo de arquitectos de izquierda. Estos desacuerdos eran enfrentamientos de índole política, estética y social. Es así como surge la oportunidad de viajar a América del Sur, la que sería la excusa perfecta para no asistir a la convocatoria del CIAM en Frankfurt.

Es así como un 14 de septiembre embarcó en Burdeos y un sábado 28 de septiembre del año 1929, Le Corbusier llegó en barco a tierra sudamericana. En tierra argentina realizó algunos kilómetros y visita varios lugares de la Provincia de Buenos Aires y si bien no generó relaciones potables con otros arquitectos del momento, sí lo hizo con funcionarios, políticos y artistas literarios, musicales, amigos del arte con quienes Le Corbusier entablará relaciones con la intención de promover su arquitectura en Argentina.

Invitado en 1929 por los Amigos del Arte de la Escuela de Bellas Artes creada en 1924, Le Corbusier desembarcó en suelo argentino, con una invitación de Alfredo González Garaño (1886-1969), ambos se conocieron en la casa de la Duquesa Dato, en París. También recibe una confirmación de parte de Sansinena Elizalde por la contratación de Le Corbusier en la Academia Nacional de Bellas Artes en Buenos Aires. Esto también es relatado por Le Corbusier en *Precisiones* (1930) donde señala que al conocer a González Garaño en París, lo obligó a visitar Buenos Aires para que expresara en esa capital las gigantescas realidades y el futuro de la arquitectura moderna (1930, p. 39). Éste se convertiría en un amigo muy cercano al arquitecto y sería su gurú en la visita de 1929.

Le Corbusier en su estadía en Buenos Aires realizó conferencias en Amigos del Arte, dirigido por Helena Sansinena de Elizalde y Amigos de la Ciudad, también en la Facultad de Ciencias Exactas de la Universidad de Buenos Aires donde lo recibió el Decano Butti. En *Precisiones*, Le Corbusier afirma: "En Buenos Aires soy el huésped de los Amigos del Arte y de la Facultad de Ciencias Exactas. Sin embargo, de aquí y allá vienen a buscarme coches, hay periodistas" (1930, p. 24). Esto demuestra la relevancia que tuvo la visita a Buenos Aires del arquitecto, incentivada por los Amigos del Arte y los Amigos de la Ciudad.

Visitar Buenos Aires representó en su carrera un antes y un después. Con un total de diez conferencias, el arquitecto se presentó entre el 3 y el 19 de octubre, en estos lugares, además visitó el Jockey Club, donde tuvo reuniones con grupos sociales y funcionarios. En un boletín informativo realizado por la Sociedad Central de Arquitectos (SCA) donde dedica la separata N°107 a Le Corbusier en Buenos Aires, Coire Carlos (1979) menciona que la visita del arquitecto no fue de entusiasmo para la SCA, ya que éstos ignoraron por completo su estadía en la ciudad porteña dado que Le Corbusier no se había diplomado en arquitectura.

Por ende, no estaba reconocido por la institución, lo que evidencia que aún no se comprendía la inmensidad de uno de los maestros de la arquitectura en Argentina. Este hecho limitante para la SCA era conocido por sus miembros, ya que el arquitecto a pronta edad fue enviado a trabajar como dibujante en estudios de arquitectura. Es sabido sobre este punto que también recibió otro tipo de educación, que lo alejó de volver la escuela a terminar su carrera de arquitectura y obtener su diploma, que nunca fue necesario para muchas otras entidades académicas e internacionales.

En el año 1929, a bordo del transatlántico en el que regresó a Brasil una vez visitada la Argentina, Le Corbusier escribió *Precisiones*. Este viaje cambió el pensamiento del arquitecto. Algunas fechas en diarios, publicaciones y libros, abren al debate sobre la cantidad de veces que Le Corbusier estuvo en Buenos Aires o en algún lugar de Argentina. Si bien este viaje, significó un punto culmine en la vida y obra de Le Corbusier, tanto la presente investigación como sus fuentes, demuestran que el arquitecto tendió raíces en Argentina antes de su viaje en 1929. En virtud de esto se presentan de forma empírica vínculos sociales que involucran a jóvenes artistas platenses y porteños con el arquitecto suizo francés, este vinculó crece en lista una vez que realiza su visita a la Argentina y que recibe en su estudio a jóvenes arquitectos argentinos en París, que más tarde fundaron la Red Austral.

2.3.1. Le Corbusier entre cubistas platenses y artistas argentinos

A principios del siglo XX, de la Academia de Bellas Artes de la Universidad de La Plata emergieron múltiples artistas que continuaron enriqueciendo sus estudios en Europa, precisamente en París. Fue el caso de Emilio Pettoruti, Pablo Curatella Manes, Alfredo González Garaño, Xul Solar, Enio Iommi entre otros artistas.

Entre los platenses más destacados se encuentra el artista cubista Emilio Pettoruti (1892-1971), quien estudió en la Academia de Bellas Artes de La Plata, con maestros como Emilio Coutaret (1863-1949), un arquitecto, ingeniero y pintor francés que trabajó en la construcción y planificación de la ciudad de La Plata a fines del siglo XIX. Sus viajes a París nacerían del vínculo con artistas cubistas como Xul Solar (1887-1963), quien en el año 1916 representaría la vanguardia argentina de ese entonces. En su viaje por París realizado entre 1917 y 1922, Pettoruti se hace amigo del cubista madrileño Juan Gris. A su regreso, desde el año 1927 comenzó a dirigir el Museo Provincial de Bellas Artes de La Plata.

Gradualmente comienzan a conectarse artistas de La Plata directa e indirectamente no sólo con Le Corbusier sino también con el Dr. Pedro Domingo Curutchet (1901-1989), oriundo de Las Flores, provincia de Buenos Aires. De estudiante, Curutchet ya era un melómano declarado, buen dibujante y amante de las artes plásticas, un costado que pocos años más tarde lo hizo entablar una amistad franca con Pettoruti, quien a su vez conocía a Juan Gris y a Alfredo González Garaño.

Otro artista platense que se hace presente en la vida de Le Corbusier y Curutchet, es Pablo Curatella Manes (1891-1962). En la entrevista que realiza Casoy Daniel (2018) en noviembre de 1980 al Dr. Curutchet, sale a debate el vínculo que sostuvo Pablo Curatella Manes, un escultor platense, con Le Corbusier. En esta entrevista se profundiza sobre una experiencia compartida entre el escultor y el cirujano:

> CURUTCHET - Era amigo de Le Corbusier muy amigo y yo hable con Curatella Manes en La Plata y me dijo: 'yo estaba en París en el momento en que le llegó su pedido y estaba tan entusiasmado que con una caja de fósforos y unos fósforos así, me explicaba cómo iba a hacer, y los fósforos hacían como si fueran las columnas de la casa, los pilotes'. Cuando llegó mi carta allá, entonces se puso a trabajar y cuando estaba elaborando las primeras ideas, conversaba con él, con Curatella Manes (2018, p.86).

Curatella Manes fue alumno de Émile Antoine Bourdelle, autor de la escultura del General Alvear en Plaza Francia, Buenos Aires, y es en una de sus visitas a París donde conoció y trabajó con Juan Gris y Le Corbusier, con quien estaría trabajando años más tarde dentro del Team Curutchet.

En continuación con la disyuntiva sobre la autoría escultórica a la cual hace referencia Casoy Daniel (1980), en la entrevista al Dr. Curutchet éste sostiene que la escultura que se puede apreciar dentro de la Casa pertenece al escultor argentino Enio Iommi (1926-2013) nacido en la ciudad de Rosario. Esta obra fue realizada en 1953 y titulada "Formas continuas", ubicada en el semicubierto de la planta baja. Es una obra blanca pura, con una carga simbólica digna de una obra de arte como lo es la casa. Ésta representa la forma simbólica de la continuidad eterna, tal como su nombre lo indica, lo que a su vez es un rasgo de la obra de este artista.

Otro argentino, en este caso porteño, que logró tener un vínculo que permitiría concretar la visita de Le Corbusier a la Argentina en 1929, como ya se mencionó, fue el coleccionista Alfredo González Garaño, que junto a sus hermanos creó parte de un círculo de artistas, escritores y promotores culturales del arte y la cultura argentina. Fue Miembro del Consejo de la Dirección Nacional de Bellas Artes (hasta 1940) y responsable de la organización de un significativo número de exposiciones artísticas, la mayoría de las cuales tuvieron lugar en el Museo Nacional de Bellas Artes, la Comisión Nacional de Bellas Artes, y la Asociación Amigos del Arte, entre 1917 y mediados de los años 60, así figura en los archivos de la Academia Nacional de Bellas Artes (2024).

Para ese entonces, González Garaño frecuentaba París mucho antes del viaje de Le Corbusier y Delia del Carril en 1929 estaba estudiando en el Atelier de Fernand Léger. Al mismo tiempo señala su vínculo con Victoria Ocampo quien, como señala el autor, en 1928 se acerca al arquitecto a través de Adela Cuervas de Vera con la encomienda de una casa en Buenos Aires. Le Corbusier, antes de este encargo, ya sabía de la existencia de la escritora argentina por su amiga Cuervas de Vera (2008). Importante es destacar que Liernur Jorge Francisco (2008) aclara que al momento de solicitar esto a Le Corbusier, Victoria se acercaba a Bustillo y que finalmente rechazó al arquitecto suizo francés y se quedó con Alejandro Bustillo, con quien Victoria tendrá grandes diferencias respecto del modernismo.

La lista que ilustra todas las relaciones de Le Corbusier con artistas latinos como Victoria Ocampo, Emilio Pettoruti, Pedro Figari, Ricardo Güiraldes, Elena Sansinena de Elizalde, Adelina del Carril y Alejandro Bustillo, entre otros, resulta infinita e incierta. Si bien no es un objetivo específico de esta tesis ahondar en este tema, constituye una pata fundamental para comprender las redes sociales que ocasionaron sucesos históricos relevantes para la presente investigación. Estos círculos artísticos que se originaron a principios del siglo XX permiten entender que puede haber existido una comunicación activa entre las personas mencionadas, lo que conduce a un acercamiento con Le Corbusier y la posible existencia de un vínculo previo o una persona intermediaria entre el arquitecto y el Dr. Curutchet antes de su envío en 1948. Le Corbusier va a conocer a estos artistas a lo largo de su vida con quienes formará lazos y amistades.

En virtud de reconocer mayores vínculos, en última instancia, el estudio de Le Corbusier ubicado en París, en la 35 Rue de Sévres, no sólo había sido el lugar donde el encargo del Dr. Curutchet se desarrolló, sino que otros motivos unían al estudio del arquitecto con la Argentina. Discípulos directos de Le Corbusier fueron los argentinos Jorge Ferrari Hardoy (1914-1977), arquitecto y diseñador; y Juan Kurchan (1913-1972), arquitecto, urbanista y diseñador, quienes habían compartido de primera mano las sabidurías y conocimientos del arquitecto suizo francés, siete años después de la visita de Le Corbusier a Buenos Aires en 1929. Entre ellos se sumó otro arquitecto español, Antonio Bonet

(1913-1989), quien regresó a la Argentina el 9 abril de 1938 luego de haber trabajado en el despacho de Le Corbusier, donde conocería a Jorge Ferrari Hardoy y Juan Kurchan.

Sobre esta primera ruptura del vínculo entre Argentina y Le Corbusier, Liernur Jorge Francisco (2008), sugiere que un 10 de octubre en 1949, una vez que el plan de Buenos Aires se paralizó, Le Corbusier extendió una carta a Dr. Guillermo Borda, entonces secretario de Obras Públicas y Urbanismo de Perón, en la cual expresaba explícitamente su descontento y su desilusión con Argentina. La frustración del arquitecto llevó a que esto desgastara el vínculo con el país, y sus discípulos, Kurchan, Ferrary Hardoy y Curatella Manes serían los antiguos amigos argentinos de Le Corbusier que, pese al fracaso de este proyecto urbano, defendieron el honor y trabajo realizado por el arquitecto durante el siglo XIX y el hecho de concederle al suelo argentino su obra.

Si bien estos hechos postergaron momentáneamente su legado, ese mismo año, 1949 se abriría una nueva oportunidad de reforzar el vínculo con Argentina y de hacer historia en tierra platense a partir de las relaciones personales y profesionales que darían fruto a la encomienda del Dr. Curutchet.

2.3.2. Le Corbusier en la ciudad de La Plata

En el año 1929, cuando Le Corbusier visitó por primera vez Argentina, realizó un breve viaje a la ciudad de La Plata. En este viaje visita el bosque platense, lo que significa que conoció en persona una parte de una ciudad con historia masónica y simbolismos en su planimetría, lo que se profundiza en el capítulo 3 de la presente investigación.

En su octava conferencia realizada en la Facultad de Ciencias Exactas el jueves 17 de octubre de 1929, Le Corbusier en su libro *Precisiones* (1930) relata que: "el otro día (...) nos hemos paseado largamente por las calles de La Plata con González Garaño" (1930, p. 252). Si bien el arquitecto no especifica dónde ni referencia edificios, tampoco declara las intenciones de este viaje y luego de comentar eso, continúa su discurso hacia otro horizonte, donde hace referencia a hechos arquitectónicos como el muro, la puerta, entre otros.

Vitalone Cristina (2009) destaca este dato en un artículo publicado en *Le Corbusier en el Río de la Plata, 1929* (2009) de la UNLP, vinculándolo con otra declaración que realiza Le Corbusier sobre González Garaño en el que hace foco en las historias que el argentino le contó sobre los colonos de este país (2009). Allí menciona su admiración por el imaginario y los litógrafos de mediados del siglo XIX y la existencia de los hijos de quienes realizaron estas grandes hazañas urbanas. Posterior a esto, el arquitecto menciona que su amigo conoce la historia con todos sus detalles, ya que su familia, en específico sus padres y abuelos, estuvieron involucrados en estas aventuras.

Su admiración por esto se corona con la frase: "yo quisiera escribir un libro, ilustrado con sus documentos precisos: la magnífica Historia de los colonos argentinos" (1930, p. 24). Esto no es evidencia de que Le Corbusier supiera de la historia masónica de La Plata, pero sí constituye un indicio sólido, fundamentado además en el contenido intelectual que debe haber tenido esa visita a La Plata, además de que en el año en el que realiza su visita, los hijos de aquellos aventureros que fundaron la ciudad de las diagonales en 1882 habitaban estas tierras.

Asimismo, Vitalone Cristina (2009) en una publicación sobre la Casa Curutchet de la Facultad de Arquitectura UNLP, menciona una carta escrita en 1954 de Le Corbusier a Germaine Curatella Manes, el 14 de enero, sobre el problema de la escultura, donde menciona al Museo de Ciencias Naturales de la ciudad de La Plata (2009), lo que demuestra que en 1929 visitó este museo y sus alrededores acompañado de González Garaño.

En la entrevista que se llevó a cabo para la presente investigación, Epeloa Martín (2023), periodista y escritor platense, menciona el hecho de que importantes personajes de la historia del siglo XX habían realizado un viaje similar al de Le Corbusier al bosque platense:

> Bien pudo haber sido invitado por masones a la ciudad de La Plata, a lo que él definió correctamente como amigos del arte. Podría ser. Y también los amigos del arte podrían ser ni más ni menos los primeros artistas que vinieron o que le siguieron a Coutaret, como este caso de Pettoruti (Martín Epeloa, comunicación personal, 04/06/2023).

Si bien el objetivo que persigue esta investigación no implica visibilizar si otros personajes pertenecían a la logia masónica, es posible sugerir que varias personalidades relevantes de la cultura y la sociedad tenían un vínculo con esta institución. Esto permite la comprensión de ciertas alianzas y contactos, además de nuevos horizontes en lo que respecta al mensaje de mentores y personas influyentes en el siglo XX, como lo fue Le Corbusier.

La visita del arquitecto no se fomenta, él vagamente lo menciona en su libro *Precisiones*. Sí la valorará y admirara, ya que la ciudad de La Plata por su proyección y construcción representa una ciudad moderna e higienista, popular y democrática, valores que fueron posibles porque fue una ciudad planificada que no nació de forma natural por el asentamiento de las personas, sino que fue un proyecto urbano pensado desde un inicio con su impronta cultural y la influencia de la arquitectura francesa e italiana.

Sobre esta visita del arquitecto a La Plata, el Arq. Julio Santana, actual director de la Casa del Dr. Curutchet, en la entrevista que brindó para la tesis de maestría menciona:

> En ese contexto es que viajan a la ciudad de La Plata, y digamos... las motivaciones no están explícitas... tengamos en cuenta que era un momento de la humanidad donde estas cosas o se escribían en diarios, o en cartas, o en libros o no quedaban ningún tipo de registros, ni de las charlas personales, ni las charlas telefónicas... eran muy distintos tiempos a los actuales, lo que sabemos, es que junto con Gonzales Garaño, Le Corbusier llega a La Plata a través del tren, entonces llega a la estación de 1 y 44, que es el mismo lugar donde está actualmente y que realizan un largo recorrido por la ciudad de La Plata, particularmente, hacen cita de lo que es el atardecer y esta cita la hacen en el libro precisiones (Julio Santana - comunicación personal, 12/09/2023)

Esto contribuye y alienta la idea de la conciencia absoluta por parte de Le Corbusier sobre el emplazamiento en el que se hallaba el lote para la Casa del Dr. Curutchet, ya que en compañía de González Garaño llegó a la intersección de la calle 44 y la Av. 1, una dirección que lleva a un recorrido histórico, académico y fundacional. En este viaje llega a visitar el Museo de Ciencias Naturales de la UNLP dentro del bosque platense, lo que confirma que conocía el bosque y los edificios cercanos al lote de su futura obra de arte.

En este punto y bajo un ojo poético de las circunstancias que se buscan describir, es importante resaltar que este museo en particular fue también visitado por Albert Einstein, entre otros personajes relevantes y trascendentales. Lo simbólico y poético de este punto es que, a metros de este museo, en la zona exterior, yace una pirámide de base cuadrada, de revestimiento pétreo, que presenta una perfecta relación entre su diagonal y el recorrido norte-sur. Esta pirámide, posada a un lado del museo en el bosque platense cercano al Jardín de la Paz, carece de descripción de referencia.

Como se mencionó, las pirámides representan una gran carga simbólica en relación con la Masonería. Su ubicación en el Oriente, es decir al este, en el bosque platense que, a su vez, representa un área académica comprendida por la Universidad, los museos, observatorios y escuelas, entre otros edificios administrativos, conforman un foco simbólico compuesto por los símbolos masónicos del sol, el Oriente, el símbolo de sabiduría y la luz sobre la oscuridad.

Sobre la presencia de Le Corbusier en la ciudad de La Plata, Epeloa Martín (2023) señala la particularidad de la visita al Museo de Ciencias Naturales de La Plata y el bosque que lo rodea, ya que este sitio ha sido punto de aterrizaje para muchas personalidades del siglo XX y ha sido testigo de importantes sucesos históricos:

> Al día de hoy sigue sucediendo, digo, pero en su momento, era de mayor preponderancia, los grandes visitantes ilustres que van desde 1909, vamos a hacer la línea de tiempo, 1909 con Le Corbusier, en el medio tenemos al príncipe de Gales, la infanta Isabel de España , tenemos a Humberto Primo de Saboya…tenemos luego a Albert Einstein, Richard Strauss, entre otros por ejemplo que vino a la ciudad La Plata, todas esas personalidades se dan en esa línea de tiempo, que va de 1909 a 1929, con veinte años, en esos veinte años pasan un sinfín de personas por la ciudad y casi todos, no solo pasan por la ciudad de La Plata como decir: 'ay voy a la ciudad de La Plata', no, pasan justamente por el Paseo del Bosque o todos diría ¿Por qué? Porque todos visitaban el Museo de Ciencias Naturales que ya estaba en pie de 1887, parcialmente, hasta que digamos que tuvo su

primera apertura, todos pasaban por el Paseo del Bosque, así que pasaban por la casa de Curutchet, o lo que sería posteriormente (Martín Epeloa - comunicación personal, 04/06/2023)

Se entiende que el lugar constituye una connotación primordial para la fundación de la ciudad de La Plata, lo que se profundiza en el próximo capítulo junto al análisis de su carácter masónico.

Es importante resaltar que este viaje no sólo nutre de cultura y de relaciones a Le Corbusier, sino que le brinda conocimientos del entorno de lo que sería años después la ubicación de la Casa Curutchet, una de las únicas obras del arquitecto en Argentina, de la cual recibe su encargo en 1945 en su estudio en París. El arquitecto en ese viaje conocería la tierra donde plantaría un futuro Patrimonio de la Humanidad. Sus vínculos previos y posteriores a su visita hicieron a la posibilidad de plantar raíces en Argentina y dejar un legado que representa su defensa sobre la arquitectura.

Este capítulo permitió visibilizar las relaciones sociales y familiares de Le Corbusier con las instituciones masónicas. Abrió las puertas de una perspectiva simbólica y poética donde se encuentra un Le Corbusier oculto, poco conocido y con poca voz, tanto en su obra como en su vida. Por medio de esta reconstrucción se evidenció cómo su vínculo masónico se mantuvo en secreto, pero se expresó con furor en sus publicaciones.

El descubrimiento que esta investigación acerca al lector, al hecho de encontrar antecedentes masónicos, es decir, símbolos y significados en este legado que Le Corbusier hizo y decidió dejar en La Plata, la Casa del Dr. Curutchet. Este legado es tanto Patrimonio de la Humanidad como Patrimonio Universal del conocimiento, uno que sigue ejerciendo la enseñanza y develando con el paso de los años.

La Casa del Dr. Curutchet no sólo es importante por ser una obra de Le Corbusier, ni porque se encuentra en Argentina: es importante porque tiene algo más que contar y que decir, es importante porque no sólo es el legado del arquitecto en tierra platense, sino porque La Plata es una ciudad masónica y la casa, un legado del Gran Arquitecto Le Corbusier.

CAPÍTULO 3

La Casa Curutchet, La Plata y su legado masónico

3.1. La Plata, fundación de una ciudad masónica

La Masonería tuvo un rol fundamental en la fundación y planificación de la ciudad de La Plata. Esto puede evidenciarse tanto desde el punto de vista, de las personas que participaron de estos procesos hasta los ritos llevados a cabo, que fueron portadores de una gran carga simbólica ligada a la masonería.

Tanto el fundador y ex gobernador Dr. Dardo Rocha como el ingeniero, arquitecto y ex intendente de La Plata, Pedro Benoit quien proyectó y diseñó la planta urbana de La Ciudad de La Plata-, fueron masones de la logia La Plata 80. Asimismo, Scelsio José Luis (2018) afirma en su investigación que el Departamento de Ingenieros que trabajó en la construcción y proyección de la ciudad estaba ligado fuertemente a las logias masónicas involucradas en dicho suceso histórico y que el rol de Dardo Rocha y Pedro Benoit fue fundamental (2018, p. 12). Esta fue pensada como la ciudad del futuro, con valores y características propias que permitían pensarla y proyectarla como una de las ciudades más prósperas y modernas de Buenos Aires, lo que condujo a su declaración como capital provincial.

En agosto de 1880, en el último tramo de la presidencia de Avellaneda y con el Dr. Dardo Rocha como gobernador, se encomendó y comenzó a proyectar la ciudad que más tarde se conocería como la ciudad de las Diagonales.

La ciudad de La Plata fue la utopía urbanística de la generación del 80, y como tal se alimentó de la fantasía del Progreso indefinido, descrito por pensadores europeos, quienes desarrollaron teorías positivistas sobre el perfeccionamiento moral y científico de la humanidad (Piñeiro Laura María, 2009, p. 20).

Liernur Jorge Francisco (2008), aporta a la visión revolucionaria sobre este tipo de urbanización, agregando que Víctor Jaeshcké (1864-1938), fue de gran influencia en la Sociedad Central de Arquitectos, ya que en 1926 propuso la apertura de nuevas avenidas que permitiría acercar a la planta de la ciudad de Buenos Aires con de La Plata. Además de su condición portuaria en contraposición con la apertura y construcción de Puerto Madero, múltiples características de la urbanización platense representan una gran trascendencia en la arquitectura moderna e inspiración. Este caso permite comprender la trascendencia que tuvo el proyecto de la ciudad de La Plata, como una ciudad moderna e higienista que puso en crisis a la ciudad capital.

Años previos a su planeamiento urbano tal como se lo conoce hoy, la ciudad de La Plata no era más que hectáreas de estancias, una contigua a la otra. En 1881, en el valle de Buenos Aires se estudió el borde del territorio y su llanura, con el fin de obtener las tierras necesarias para la construcción de la ciudad cuyo carácter fuera convertirse en capital de la provincia de Buenos Aires. Bajo la presidencia de Julio Argentino Roca, desde 1880 hasta 1886, se llevó a cabo el proyecto de fundación de La Plata. Promulgada por el Gobernador el Dr. Dardo Rocha el 1º de Mayo, establecía la expropiación de tierras necesarias de la provincia de Buenos Aires con el objetivo de componer el tejido urbano.

Sobre el proyecto de la futura capital de la provincia, existen varias versiones anteriores a la finalmente construida que detallan con qué valores y características fue proyectada dicha ciudad. Es importante señalar que fue una ciudad pensada desde una perspectiva moderna e higienista, idearios devenidos de las emergencias sanitarias de aquel entonces, por ende, el diseño se prioriza la circulación y el movimiento de las personas, del aire, siendo esto ayudado por la flora que se propuso que se identifica por sectores en la ciudad y crean los obstáculos naturales.

Al considerarse a la ciudad de La Plata como una ciudad higienista, se le otorgaron valores y características ligadas a un modelo ideal, reconociéndose no sólo en la intervención de personas relacionadas con la planimetría y la construcción en su origen, en el caso de creación de una ciudad, sino también la consideración del aporte devenido de entidades sanitarias. Esto queda expresado empíricamente cuando se observa la propuesta moderna de la ciudad al tener una orientación desde el eje central de Oriente a Occidente, así como una rotación respecto del norte de 45°, facilitando el flujo y corrientes de aire en virtud de las orientaciones cardinales.

Esta decisión proyectual, años después, se vio representada en el Oriente al bosque platense con la Universidad entre otras instituciones culturales y públicas sobre el eje central de la ciudad, sedes de conocimiento, ciencia e historia, símbolo que fue mencionado en ocasión del sitial del Gran Maestre, símbolo de luz y sabiduría.

El dato relevante sobre estos hechos es la vinculación de las personas que trabajaron en el proyecto y construcción de la ciudad con las logias masónicas locales, tales como Luz y Verdad y La Plata 80, entre otros. Un hecho que demuestra esta correlación es la simbología de carácter masónico manifestada en las criptas de ambos masones. En efecto, dentro del Museo de La Catedral de la Ciudad de La Plata, previo al sitio donde se encuentra la cripta de Dardo Rocha y su esposa, en el área de exposición se exhibe una pieza relacionada a Dardo Rocha en la que se puede identificar la simbología masónica del triángulo con el ojo que todo lo ve. Epeloa Martin (2022) señala que se inició en la logia masónica del padre a la edad de 20 años, cuando Dardo Rocha era estudiante de Derecho. Éste, años más tarde, sería uno de los fundadores de la Augusta y Respetable Logia Constanza N°7.

El segundo caso mencionado se observa en el Cementerio de la Recoleta en la Ciudad de Buenos Aires, donde en la tumba del arquitecto Pedro Benoit, se encuentran esculturas -como el busto del arquitecto, en las que se observan en primer plano los símbolos masónicos más importantes y primarios: el compás y la escuadra. Epeloa Martín (2022), documenta que su iniciación se llevó a cabo en la logia Consuelo del Infortunio N°3, el día 26 de octubre del año 1858. Posteriormente, en 1885, fundaría la logia La Plata N° 80 (2022, p. 52).

En vínculo hecho importante, sucede el 16 de junio del año 2023, bajo la intendencia de Julio Garro, La Plata fue declarada ciudad masónica, lo que demuestra el legado masónico en la historia de la fundación de la ciudad de La Plata, seguido del reconocimiento e identificación del simbolismo y el significado de carácter masónica que yace en su planimetría urbana. Esta declaración, a los fines turísticos y culturales (Ordenanzas N° 11.896 y 10.612) del ente Municipal de Turismo de la Municipalidad de La Plata, abrió un nuevo sendero de reconocimiento y puesta en valor de un legado histórico que merece ser contando y considerado, ya que nutre a la historia cultural de la ciudad y del país.

3.1.1. Símbolos y significados masónicos presentes en planimetría de La Plata

Como ciudad masónica La Plata presenta símbolos, significados y sabidurías inscriptas en varios planos proyectuales. Epeloa Martín (2022), reconoce la proyección de una geometría euclidiana, por la observación del principal polígono regular de cuatro lados cruzado por dos diagonales que se encuentran en el centro del polígono de cuatro lados.

Al respecto, señala que estos símbolos se identifican (Figura 18/2022) a través de orientaciones y la ubicación de monumentos y edificios que se pensaron desde la proyección y el trazado inicial de la ciudad. Visualmente, además de contener símbolos, la filosofía masónica trasciende el hecho de tener monumentos en lugares y ubicaciones estratégicas, como es la avenida N°53 y la avenida N°1.

En base a otras observaciones sobre este foco, Liernur Jorge Francisco (2008), señala que la gran ciudad que las élites imaginaron en Buenos Aires se manifestó en la ciudad de La Plata, desde los tamaños, los trazos, los parques, su relación con el puerto. Esta ciudad representaba las ideas urbanas de la época, coherentes con un modelo de capital burocrática, mismas características que, en concordancia con a Liernur, están presentes en urbanizaciones como Washington en los Estados Unidos (2008).

En ambas ciudades se presenta un obelisco, en La Plata se encuentra a metros del Pasaje Dardo Rocha en Plaza San Martín, en la esquina de 6 y 50 y la diagonal 80. El obelisco de La Plata fue construido en 1932 e inaugurado el 19 de noviembre del mismo año, a cien años de la fundación de la ciudad, y se ubica en el pasaje que lleva el nombre

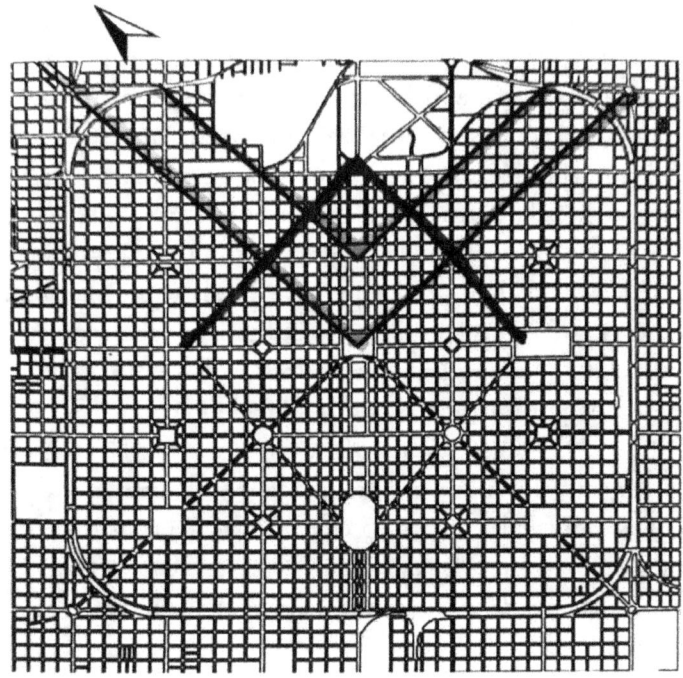

Figura 18. 2022 – Símbolos masónicos en el plano de la ciudad de La Plata - Epeloa, M. (2022) *La Escuadra y el Compás, entre Diagonales*.

de su fundador. También presentan similitudes respecto a su circulación, grandes extensiones de espacio natural, diagonales, plazas que interrumpen estas diagonales, presencia de obeliscos, mausoleos, sedes del conocimiento con vínculos masónicos, monumentos y demás elementos arquitectónicos donde es posible identificar el ejercicio del masón eterno.

En relación con los símbolos masónicos explícitos, Epeloa Martín (2022) señala que la Plaza Moreno, ubicada en el centro de la planimetría y frente a la Catedral de La Plata, fue diseñada por Benoit, Glade, Kuhr, Meyer y Coutaret, los cuatro miembros de logias masónicas. Asimismo, estos nombres se encuentran en el listado de los masones presentes en la fundación de la ciudad documentado por el autor en su investigación. Esta plaza contiene y representa masonería, así como también es un emblema arquitectónico donde el discurso y el símbolo se retroalimentan y hacen al deber ser de la arquitecta, constituyendo un claro ejemplo de cómo se externaliza la masonería en la sociedad.

También es posible identificar otro elemento presente en los templos masónicos que es la cadena de eslabones que recorre toda la construcción. En La Plata se observan las Epeloa Martín (2022) advierte que, en la planta de la ciudad de La Plata, se visualiza la representación de una logia en el trazado y las herramientas utilizadas simbólicamente por la Masonería (2022, p. 25). En efecto, se observa una escuadra delineada y entrecruzada por un compás, a este símbolo lo construyen las diagonales N° 73, 79, 74 y 80; el compás se construye por las diagonales 77 y 78. Otro símbolo visible es la plomada que se identifica a partir de las avenidas principales N° 51 y 53 que recorren la ciudad y conectan a este compás con la pesa de la plomada, representada por Plaza Moreno. La plomada es una de las herramientas que se le presentan al iniciado durante el primer grado. Ciertamente en esta oportunidad la pesa de la plomada se encuentra ubicada en el mismo sitio donde se ubica la piedra fundacional de la ciudad. (Figura 18 / 2022)

También se puede observar como vías del tren que recorren y bordean las cuatro aristas del polígono que compone la planimetría de la ciudad, sintoniza con el simbolismo de los eslabones de la cadena que decora el cielorraso de un templo masónico. Esta cadena simboliza en cada eslabón a los hermanos y hermanas unidas en trabajo masónico.

Acerca de las múltiples interpretaciones masónicas y símbolos que se pueden identificar sobre esta planimetría tan particular, Epeloa Martín (2023) sugiere que simbólicamente y desde la filosofía masónica, no sólo se presentan símbolos en la planimetría, sino que es posible identificar los cargos y posiciones de los diferentes Hermanos dentro de un templo masónico:

> El oriente masónico que es el lugar donde se asienta el presidente de una logia masónica, tiene justamente preponderancia para nosotros en esta disposición del plano porque es en ese lugar, el lugar donde se encuentran los primeros edificios proyectados en el trazado original y dentro del

proyecto original, valga la redundancia, los primeros edificios destinados al estilo al estudio de la ciencia, o sea al conocimiento, al saber, y para la masonería el oriente es el lugar del conocimiento y del saber, el lugar de la sabiduría, y es la que corresponde al presidente de una logia, que es el oriente el lugar donde sale el sol, es el oriente en el que se define y se destaca por su ubicación justamente por el lugar de la luz, la luz equivale a la sabiduría, para la masonería y para otras tantas culturas, y otras tantas escuelas filosóficas. Entonces tenemos en el oriente el paseo del bosque, lugar de estudio de las ciencias, del saber, del conocimiento, desde el oriente mismo, parte el compás que se termina de entrecruzar con la escuadra a través de las diagonales que cruzan la ciudad de La Plata (Martín Epeloa, comunicación personal, 04/06/2023).

Las ciudades simbólicas, en este caso, ciudades cuyo trazo se construye a partir de una filosofía masónica, en la antigüedad estaban lideradas por grupos de maestros constructores que guardaban celosamente sus conocimientos sobre las ciencias terrenales y divinas de la arquitectura, es decir como dice Hardwood Jeremy (2008) "la comprensión de cómo era construida una estructura terrestre que facilitaba la sabiduría para construir un templo espiritual en el alma" (2008, p. 76).

Si bien no abundan los casos donde este fenómeno masónico se practica, no se puede negar la existencia de ciertas formas simbólicas que se expresan en trazados urbanos que indican una planificación masónica activa. La ciudad de La Plata en virtud de lo dicho, es un legado masónico de los más recientes en los últimos 250 años. Un caso es la ciudad de Sandusky, Ohio, edificada y proyectada por maestros masones en 1818, donde se identifican calles que forman la imagen de la escuadra y el compás. "Su plan para la ciudad como un todo consistía en una representación de la Biblia abierta con la escuadra y el compás en la posición que estarían en la apertura de una reunión de una logia masónica" (Hardwood Jeremy, 2008, p. 77). Si bien este caso se acerca en muchas similitudes a los símbolos en la planimetría de la ciudad de La Plata, esto abre el interrogante de si los constructores de la ciudad platense, en especial Dardo Rocha y Pedro Benoit, habrían obrado con la misma filosofía masónica que Kilbourbe Hector, masón que proyectó los símbolos sobre la ciudad de Sandusky.

Es interesante reconocer cómo la filosofía masónica se proyecta sobre la ciudad y las múltiples interpretaciones ideológicas, simbólicas y significativas que se expresan en los planos de la ciudad a partir de la orientación, el sol, la ubicación y los programas de los edificios, monumentos y poesías arquitectónicas. Su búsqueda eterna del conocimiento se ve doblemente plasmada, tanto por la ubicación de la Universidad Nacional de La Plata y su campus universitario hacia el Oriente.

· · ·

3.2. La Casa del Dr. Curutchet como Patrimonio de la Humanidad

El diseño y la arquitectura son disciplinas que contienen instrumentos que, más allá de su utilidad primaria de provisión de un espacio funcional o la respuesta a una demanda habitacional, se convierten en vehículos de la expresión de una ideología, un estilo, una nueva vanguardia, el contexto histórico y en muchos casos, un simbolismo. La Casa del Dr. Curutchet no sólo es un edificio emblemático en el gran repertorio de obras realizadas por Le Corbusier, sino que su condición y pieza excepcional, la ubicó entre diecisiete obras de diferentes países, bajo el nombre de patrimonio cultural de la humanidad. El reconocimiento como Patrimonio de la Humanidad por la UNESCO en 2016 destacó su excepcional diseño arquitectónico que combina armoniosamente los fundamentos del purismo y la arquitectura moderna, además de ser una obra que expresa en su máxima intención los famosos cinco puntos de Le Corbusier. Al momento del desarrollo de esta investigación aún se conserva en la vereda de la Casa del Dr. Curutchet una placa que declara la patrimonialización de la obra arquitectónica (Figura 1 / 2016).

Es posible identificar los ideales, valores y principios masónicos, a partir del análisis planteado sobre la documentación arquitectónica, tanto en la construcción física del edificio como en su contextualización dentro de la obra y el discurso de Le Corbusier. Esto se profundiza a continuación donde a través de un proceso de trazos sobre las plantas arquitectónicas de la casa, se observan símbolos y significados masónicos.

Con la intención de vincular las variables que se presentan en esta tesis sobre el caso de estudio, la Casa del Dr. Curutchet, además de ser Patrimonio de la Humanidad, presenta múltiples vínculos con la Masonería, desde su ubicación, hasta tu discurso poético y teórico arquitectónico. Liernur Juan Francisco y Pschepiurca Pablo (2008) sostienen que esta casa representó un antes y un después en la proyección del diseño de Le Corbusier: "debe reconocerse que esas ideas experimentaron en el proyecto de la casa en un pequeño lote de damero un salto sustantivo" (2008, p. 23). Este damero representó toda una vida de trabajo dedicado a la arquitectura y traza vínculos con el simbolismo masónico.

En efecto, el piso de mosaico, de diseño ajedrezado, es símbolo de la diversidad de objetos que decoran y adornan la creación de los templos masónicos. El masón transita el camino de la prosperidad, pero en un momento puede vacilar y caminar hacia la debilidad y la tentación, tomar decisiones en la dualidad de la vida, que es justamente la reflexión que sostiene un damero blanco y negro en sus opuestos. Este símbolo, el damero, el piso de mosaico, al cual se refiere poéticamente los autores sobre la casa, representa las ideas que retornan al origen a partir del cual todo fue creado.

Esta casa no sólo es importante por la labor de Le Corbusier y los arquitectos que ejecutaron su construcción, además del deseo ambicioso de Pedro Curutchet por tener una obra del maestro allí, sino que es importante porque representa los valores arquitectónicos que hicieron escuela, durante el siglo pasado, como una obra de arte de valor intrínseco. Un legado masónico en el simbolismo y las decisiones proyectuales que se nutrieron de estos significados: este es el secreto del arte de construir que tan celosamente guardaban los primeros maestros constructores.

En una publicación de la *Revista 1:100* sobre la Casa Curutchet, Piñón (2018) relata que, cuando a Le Corbusier se le preguntaba "cuál era la cualidad que debía caracterizar al arquitecto", éste respondía: "tener sentido de la forma" (2018, p. 12). Esta forma tiene una naturaleza por definición y eso a lo que Le Corbusier se refiere, la esencia de la forma y su fuerza por naturaleza. En esta investigación, esa definición –léase origen– de la forma devenida de la naturaleza se va a expresar en símbolos que lo vinculan a la Masonería y dan luz a un eje fundacional de la arquitectura, como son las leyes del universo y la naturaleza que se expresan y comunican a través de las formas y de la geometría, en específico, la geometría sagrada. Esto es lo que este libro sostiene que oculta la Casa del Dr. Curutchet y lo que en virtud busca visibilizar la se profundiza en siguientes apartados.

•

• •

3.3. Una encomienda viaja a París: el pedido de Pedro D. Curutchet a Le Corbusier

Pedro Domingo Curutchet nació en el año 1901 en Las Flores, provincia de Buenos Aires. Completó sus estudios básicos en la ciudad de La Plata y estudió en la Facultad de Medicina de la Universidad Nacional de La Plata recibiéndose en el año 1929. Años después, Pedro encomendó a su hermana en un viaje a París la construcción de una casa a Le Corbusier, entonces le entregó a ella una carta con especificaciones sobre el lote, una foto y todo lo que necesitaba saber en un primer contacto, ya que luego cruzaron varias cartas. Luego de aceptar Le Corbusier su encargo, envió por barco unos 16 planos que recibió el arquitecto argentino Amancio William a pedido del arquitecto y que este dibujo en otros 200 planos más para su ejecución. Es justo decir que la demora de la construcción de esta casa desalentó mucho al Dr. Curutchet, la casa se comenzó a construir en 1949 y se terminó en 1955, pasando su ejecución por varios arquitectos.

Posterior a su construcción, el doctor vivió muchos años con su familia en Lobería, provincia de Buenos Aires. Fue una respetable y reconocida figura platense. En 1976, un médico de la Universidad de Harvard visitó en el quirófano del Hospital Municipal de Lobería al Dr. Curutchet, este hecho y su vínculo con esta universidad es un hecho público y documentado. Pedro también fue destacado por su carácter extremadamente vanidoso, amante de la música clásica y el arte plástico, y amigo de Pettoruti, el cubista platense, como se expuso en el capítulo 1.

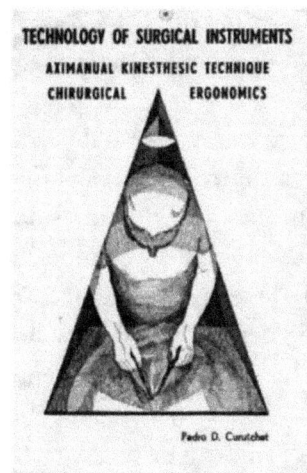 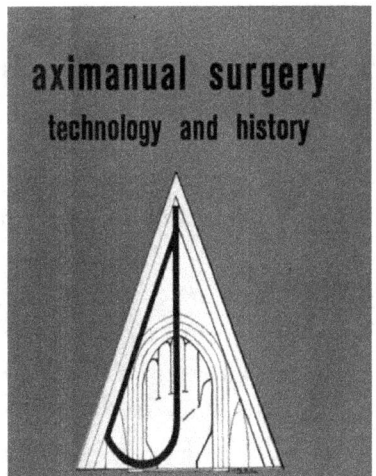

Figura 19. 1974 – Portadas Publicaciones del Dr. Pedro D. Curutchet / *Technology of Surgical Instruments* y *Aximanual Surgery Technology and History*.

Si bien este libro no se focaliza en su vínculo con la Masonería, un punto que alimenta esta rama pueden ser algunas de las portadas de sus publicaciones, donde se pueden reconocer algunos indicios. En este sentido, se citan dos casos específicos de las portadas de sus publicaciones: una es *Technology of Surgical Instruments* (Figura 19 / 1974) y la segunda *Aximanual Surgery Technology and History* (Figura 19 / 1974) publicado en 1974, donde en ambos casos un triángulo ordena la escena.

En el primer caso se observa un triángulo dentro del cual se visualiza una persona operando con sus herramientas. Sus brazos poseen una ubicación muy similar a la de una escuadra, y sobre la cabeza se inscribe una figura que simula ser una luz, pero bien podría identificarse como un ojo: el ojo que todo lo ve dentro del triángulo. También es posible encontrar un simbolismo en la imagen ubicada en la parte inferior de la portada, donde se observa una mesa de operación en la que el doctor apoya sus instrumentos posicionándose en cierto ángulo, sobre un círculo ilustrado (Figura 19/1974). Nuevamente es posible vincular a la masonería a partir del ojo que todo lo ve, la situación inscripta en un triángulo isósceles y la intención simbólica de los instrumentos encontrándose en un ángulo particular, parecido al del compás, uno de los símbolos principales de la Masonería.

En el caso de *Aximanual Surgery Technology and History* publicado en 1974, en la portada nuevamente se observa un triángulo en el que se inscribe un pórtico con dos aparentes columnas, una de cada lado, que recuerda al dicho de la Masonería "entre columnas" que simboliza el paso del profano hacia su camino masónico. Dentro de este pórtico entre columnas se observa una mano, la mano derecha ilustrada, sobre la cual se visualiza la síntesis simbólica de una herramienta perteneciente a la práctica de la cirugía (Figura 19 / 1974).

Es importante resaltar que no se encuentran registros de un contacto previo entre Le Corbusier y el Dr. Curutchet, pero la presente investigación instala este cuestionamiento y pone en el foco las relaciones que el doctor sostuvo con algunos artistas platenses como es el caso del pintor cubista Pettoruti, quien construyó un vínculo con Pedro mucho antes de que encomendara la casa. Si bien esto plantea la posible existencia de un contacto previo entre ellos, lo importante es que alguien brindó los datos sobre la ubicación del estudio de Le Corbusier en París, adonde Pedro envió a su hermana con la oportunidad de hacer historia en un lote de la ciudad de La Plata. Casoy (2023), en la entrevista realizada para la presente investigación, señala la importancia de este vínculo y la posibilidad de que Pettoruti haya sido una pieza clave en el vínculo de Le Corbusier y Curutchet: "Emilio Pettoruti es clave ahí, muy bien destacado por vos. Emilio Pettoruti y Curatella Manes en la escultura" (Daniel Casoy, comunicación personal, 19/06/2023).

La hermana del Dr. Curutchet visitó el estudio de Le Corbusier en 1948 con una carta de su hermano Pedro en la que solicitaba una obra maestra del arquitecto en la ciudad de La Plata. La carta llega en 1948 a París, en el año 1949 Le Corbusier envía los planos por barco, con sus cartas e indicaciones. La casa se comenzó a construir en el año 1951 finalizando en 1955 su construcción.

En la entrevista que se desarrolló para la presente investigación, Casoy (2023) reveló detalles de esta visita:

Esa visita a París de Leonor Curutchet... la habría visto como la oportunidad de dejar una semilla en Buenos Aires, Le Corbusier se quedó con el gusto de una asignatura pendiente, el no haber realizado nada en Argentina, en Chile tampoco, aunque hizo unos dibujos para los Errázuris. (Daniel O. Casoy, comunicación personal, 19/06/2023)

En la entrevista que Casoy Daniel (2018) realizó en el año 1980 al Dr. Curutchet, refiere a la presencia del cubista platense, Curatella Manes, en el instante en que llega el encargo al estudio de Le Corbusier. Asimismo, al ser entrevistado para esta investigación, retoma esta situación fundamental para el nacimiento del proyecto de la Casa del Dr. Curutchet:

La caja de fósforos está en relación a Pablo Curatella Manes, porque Curatella Manes estaba de visita en París, el escultor platense, cubista, ahí si tenés esa relación. Le Corbusier le explicaba a Curatella Manes, con las cajitas de fósforos y los palitos, mostrando como él quería que sea la casa, con pilotis que atraviesan los pisos, ¿viste que en todo está el leitmotiv de los pilotis que atraviesan también los muebles? El mueble del tocador por ejemplo. Eso es un concepto estético en donde aparece asociado Curatella Manes. Curatella Manes es de quien después el propio doctor Curutchet dice: "en vez de una escultura de Enio Iommi tendría que ser una de Curatella Manes". (Daniel Casoy, comunicación personal, 19/06/2023).

Dentro de la casa, en su patio cubierto, a pocos metros de la rampa, se ubica una pieza escultórica que ha sido de gran debate entre el comitente y los involucrados en el proyecto. Le Corbusier obviaba la necesidad de colocar una pieza escultórica, porque la casa ya era una obra escultórica de por sí, pero sin impedir este accionar, se colocó dentro una pieza blanca, pura y continua que bien podría tener una gran carga simbólica propia de las observaciones masónicas realizas sobre la casa.

Sobre esto, Casoy Daniel (2023) señala:

Sí, no sé cómo llegó, pero después él se arrepintió, porque él vio que esa escultura era muy parecida a las que hacía Max Bill en Alemania, entonces dijo que no le parecía original esa escultura, que hubiera sido mejor una pieza escultórica de Pablo Curatella Manes. Enio Iommi, es el artista y su obra está ahí... es una crítica para Enio Iommi, fue la verdad, era su mirada veinticinco años después, lo dijo él... Enio Iommi tampoco tiene la obligación de ser la originalidad, tampoco... Curatella Manes también deriva de otros escultores... siempre hay una cuestión ahí... me gusta y no me gusta, porque podés encontrar siempre cualquier crítica a una escultura. Pero esa fue la conversación con él... con el doctor Curutchet acerca de esa escultura y su relación con ella. Él estaba vinculado con el arte, obviamente que le gustaba el arte contemporáneo, de vanguardia, porque él era un hombre de vanguardia, él era un diseñador de vanguardia, ése es el corte de él. Él formaba parte... se sentía parte de eso, del diseño de vanguardia, entonces de ahí llegó Le Corbusier. (Daniel O. Casoy, comunicación personal, 19/06/2023).

La incorporación de una obra escultórica dentro de otra obra de arte, demuestra el interés del doctor por el arte moderno, ya que se ha profundizado en esta investigación sobre sus vínculos con algunos artistas cubistas platenses. Este último punto alimenta la hipótesis de un vínculo directo o indirecto previo entre el Dr. Curutchet y Le Corbusier, a través del mundo del arte, del funcionalismo y de la modernidad.

Los hechos citados demuestran una gran voluntad de Le Corbusier por tener vínculos con Argentina y poder confirmar clientela, para poder hacer base y dejar obra suya en tierra sudamericana. Su frustrado intento en 1929 por conseguir clientes cobró vida con la visita de la hermana del Dr. Curutchet a su estudio. Muchas de las relaciones planteadas en esta tesis y de los vínculos establecidos fueron en pos de comprender con mayor lucidez la relevancia de la creación de esta casa, como un legado imperecedero del arquitecto en Argentina.

3.4. Observaciones masónicas en la ubicación de la Casa del Dr. Curutchet

La Casa Curutchet, obra moderna, pura, blanca y lisa, fue finalizada como se dijo anteriormente, en el año 1955 bajo la presidencia de Juan Domingo Perón. En ese momento histórico ya se asentaban lentamente en la Argentina los valores de la reciente arquitectura moderna. En el caso de la ciudad de La Plata, ésta ya se encontraba consolidada y habitada como tal, cercana a reconocerse como una manifestación de la arquitectura moderna e higienista.

La Casa del Dr. Curutchet está ubicada en un punto particular sobre la planimetría urbana, se encuentra donde confluye el comienzo del eje monumental de la ciudad, es decir las avenidas número 51 y 53, y además una gran área y circulación universitaria, en cercanías con la avenida 1, que se puede apreciar desde la casa. Al respecto, la ubicación de la Casa del Dr. Curutchet resulta particularmente paradigmática porque representa fielmente las teorías arquitectónicas simbólicas de Le Corbusier y además considera específicamente la historia y el contexto de la ciudad, su entorno inmediato, su historia, su cultura y justo en ese punto culmine, coloca una obra única de la arquitectura moderna. Empíricamente bien podría ser la manifestación de una síntesis del aporte simbólico, geométrico y matemático fundamental de Le Corbusier a la arquitectura.

Se entiende que la ubicación de la obra ideal de Le Corbusier no está definida por una casualidad de la historia, sino que estaba destinada a ser porque manifiesta la búsqueda indecible y silenciosa de un emplazamiento estratégico que podría ser vinculado con la simbología masónica presente en la planta urbana de la ciudad de La Plata.

Casoy Daniel (2018), en su entrevista realizada a Curutchet, señala que éste habría descubierto algo en particular sobre su lote y que, al tener conocimiento, varios habían manifestado su interés en comprarlo: "Ese solar que nadie quería comprar, a nadie se le ocurrió. Cuando descubrieron lo que yo describí, o me descubrieron, a mí con el solar en la mano, entonces, todo el mundo quería comprarlo. Comprármelo a mí" (2018, p. 102). En la entrevista no se profundiza sobre qué es lo que descubrió y Casoy (2018) no indaga en este hecho, ni tampoco lo vincula, en la entrevista brindada para esta investigación, con algún aspecto de la Masonería. Esto no descarta la hipótesis de que así haya sido, de que bajo algún mínimo aspecto el doctor se haya enterado o informado de las características simbólicas particulares que tenía la ubicación de ese lote en específico.

Siguiendo la línea de pensamiento, abre la incógnita de si el doctor se refería a su carácter simbólico masónico y qué misión realiza en este lote. Desde una perspectiva masónica, la ubicación, es digna de una obra de arte como la que el arquitecto proyectaba en relación a sus orientaciones, el recorrido del sol y los recursos del contexto, como las visuales.

Cuando se observa sobre el plano de la ciudad de La Plata y se identifican sus símbolos, se puede advertir que la casa se ubica exactamente sobre la cabeza del compás y el inicio de la plomada, mejor dicho, sobre la chapa que indica simbólicamente lo ideal, a lo que se debe llegar (Figura 20 / 2022). Estos dos símbolos tienen un rol de gran relevancia en la filosofía masónica, presentes en el Oriente, hacia el bosque platense del conocimiento y la sabiduría, símbolo masónico que se representa en el Gran Maestre de la logia.

Lomas Robert (2011) postula que el compás es el símbolo de la energía funcional del espíritu, el instrumento principal para elaborar planos y diseños arquitectónicos, además de ser emblema de la dignidad. Por eso se relaciona con el Maestro que gobierna la logia, este espíritu representa en el masón el desarrollo de "un ser más vital y con mayor conciencia espiritual" (2011, p. 144). El hecho de que esta obra de maestra, la Casa del Dr. Curutchet, se encuentre sobre la cúspide de un compás simbólico en una planta urbana masónica, invita a la reflexión acerca de la capacidad de expresar el espíritu arquitectónico que Le Corbusier propone para la arquitectura y que este caso de estudio demuestra ser un manifiesto. Un arquitecto que, bajo cinco puntos de su teoría arquitectónica, construye la Casa Curutchet, en la cima del compás simbólico inscripto en la planta urbana de La Plata. Se podría decir, que obra como un masón oculto que, en el origen de esa ciudad y sus símbolos, se encuentra y proyecta su espíritu arquitectónico.

Respecto a la plomada, otro símbolo que se encuentra en la planimetría platense y que, en la ubicación de su chapa simbólica, se encuentra

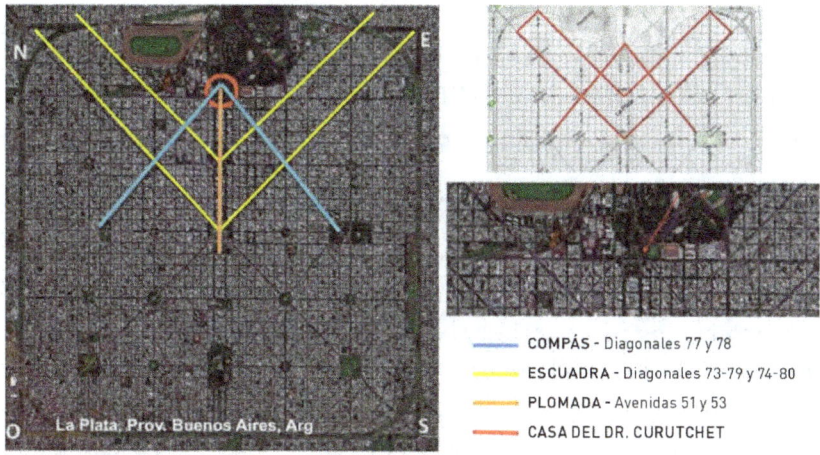

Figura 20. 2022 – Símbolos masónicos en el plano de la ciudad de La Plata- Producción Dradi Serena.

la Casa del Dr. Curutchet es, según Lomas Robert (2011) el "símbolo del cordón de plata que se extiende desde el centro místico hasta el alma de cada masón" (2011, p. 138). Esta plomada siempre forma un ángulo recto con el cordón del nivel de la circunferencia. Al mismo tiempo, enseña la ecuanimidad y la rectitud de la vida y las acciones. Este podría identificarse también como el símbolo de la Escuadra, por la virtud de su rectitud.

Otro punto interesante es el que brinda Terrones Benítez Adolfo (2022), ya que señala que la plomada es un símbolo e instrumento masónico relacionado con la pureza y esto se vincula con el purismo simbólico de Le Corbusier:

> La ESCUADRA y la PLOMADA, como símbolos masónicos, formamos también otro instrumento, que marca una línea perpendicular perfecta, sobre cualquier superficie horizontal, en cuyo caso, la ESCUADRA representa a la EQUIDAD y la PLOMADA a la RAZÓN, la primera sostiene y dirige a la segunda, para obtener la vertical y señalar el punto exacto del CENTRO DE GRAVEDAD, por lo mismo viene siendo

representativa de la verdadera JUSTICIA, pero si elevamos a esa línea hacia el infinito, continuando perpendicularmente esa misma línea, resulta que simboliza a la EQUIDAD, como un signo incomparable de la PUREZA (2022, p. 81).

Otro punto que hace al reconocimiento del vínculo masónico con la casa es su ubicación en el chapita superior de la plomada, simbolizando la razón de una arquitecto racional y espiritual en equilibrio, la pureza. Construida con proporciones y bajo las leyes del Universo, Le Corbusier parece hacerle honor a la arquitectura y la masonería no sólo dentro de la casa, como se demuestra en el próximo apartado, sino que desde la ubicación ya enseña, poetisa y habla en ese lenguaje oculto. En el símbolo de la razón, de la justicia, de la equidad y la pureza, se encuentra la Casa del Dr. Curutchet. Quizás, fue esto lo que el Dr. Curutchet, mencionó a Casoy Daniel en su entrevista cuando se refirió a describir algo sobre el lote y su ubicación: el gran puente entre una ciudad masónica y un posible masón oculto.

Esta casa es digna de ser considerada monumento a la luz, por su orientación en relación con el sol, por su posición en el Este, es decir en oriente, frente al gran bosque platense que hace posible la manifestación de la luz como recurso fundamental. La casa, blanca, permeable y de planta libre, es en virtud de la luz, como la luz también se presenta en virtud de la pureza y la forma de la casa.

En línea con este pensamiento, el símbolo de la luz presente en la Casa del Dr. Curutchet, debe ser analizado en virtud de su ubicación. Epeloa Martín (2023) señala en la entrevista:

> Es un lugar muy particular, y justo es una parcela, que comparte digamos con otras construcciones la manzana, pero no toda la manzana tiene la misma cantidad de luz o recibe la misma cantidad de luz que recibe esa casa en particular. En esa casa en particular se puede ver el acceso perfectamente al Paseo del Bosque, se puede tener una visión plena al día de hoy de lo que es el inicio del paseo y el final del eje fundacional con los edificios públicos que se corresponden con la presencia del estado (Martín Epeloa, comunicación personal, 04/06/2023).

Este fenómeno se torna evidente cuando se analiza su orientación desde el Norte, ya que se advierte que la casa se ubica sobre el Este, es decir, hacia Oriente desde donde se observa la salida del sol. Desde el simbolismo masónico, el oriente es el sitio donde se ubica la mayor autoridad de la logia en un taller, el Venerable Gran Maestre o Venerable Gran Maestra, símbolo de luz y sabiduría. Es importante recordar que no sólo la casa se encuentra en este ángulo, sino que, si se lo prolonga, la casa comparte la misma orientación que la Universidad Nacional de La Plata. Esto se menciona porque no es inocente que los masones que trazaron esta ciudad masónica ubicaran allí la sede central y campus de la universidad pública, en defensa de la educación, el conocimiento y la sabiduría. El maestro o maestra de una logia simboliza el espíritu eterno de la sabiduría, por eso se encuentra en el oriente, simbolizando la salida del sol para traer luz y sapiencia al rito a hermanos y hermanas.

Pablo Lázaro (2022), presidente de Gran Logia de la Masonería Argentina, expresó en la entrevista brindada para la investigación la importancia simbólica de la luz para la Masonería:

> El símbolo nuestro es la luz, el sol, por supuesto, en sí mismo es un símbolo, la luz que implica conocimiento, la luz que vence la oscuridad, que es básicamente las tinieblas, pero si vos mirás cualquier templo masónico, nuestro y en el mundo, vas a ver que está representada la bóveda celeste, es decir, el cielo porque antiguamente los templos, las construcciones eran a cielo abierto, y vas a ver más cerca del oriente donde se asienta el que preside hasta el sol y en principios emana el conocimiento, la sabiduría y demás… cuanto más te alejas donde está la luna, noche… El símbolo para nosotros es la luz, el sol es, quizás, una representación, pero no lo llamamos, al menos hasta donde sé de esa manera. (Pablo Lázaro, comunicación personal, 12/08/2022).

En el Este, se encuentra el Maestro o Maestra: en este caso, se encuentra la obra que el maestro de la arquitectura Le Corbusier que dejó a sus hermanos colegas, un monumento que no sólo expresa arquitectura moderna, sino que trasciende las barreras del conocimiento y devela conocimientos ocultos.

La Casa del Dr. Curutchet representa los valores y las cualidades de Le Corbusier para con la arquitectura moderna. En su composición final predominan los cinco puntos postulados por el arquitecto para la arquitectura moderna. Además, es una obra que se proyecta y construye en un momento de esplendor de la carrera del arquitecto.

En este apartado se evidenció como la ubicación de la Casa del Dr. Curutchet dentro de la planimetría de la ciudad de La Plata, representa significados masónicos que van en paralelo con el discurso y la ideología de Le Corbusier. Queda de esta forma evidenciado el vínculo exterior de la casa con la historia masónica de la ciudad y sus símbolos.

•

• •

3.5. Simbología masónica en la Casa del Dr. Curutchet: análisis de las plantas arquitectónicas

Esta segunda parte del análisis documental involucró la proyección arquitectónica, es decir el análisis de las plantas de arquitectura de la Casa del Dr. Curutchet. Este proceso consistió en encontrar un sistema de observación y exploración sobre cada planta arquitectónica y secciones, analizando proporciones, procesos y juegos geométricos, efectuados en otras obras como la Villa Stein-de Monzie (1931), la Maison Ozenfant (1923), construida por Le Corbusier y Pierre Jeanneret o la Villa Savoye (1931). Todos estos casos, presentan un proceso geométrico simbólico y matemático en el trazo que hace al diseño del espacio.

Este procedimiento se describe a continuación en un paso a paso y se explican las decisiones que llevaron a estos análisis de las mencionadas uniones. Estas son intuitivas y exploratorias con el objetivo de buscar constantes matemáticas, relaciones geométricas y proporciones. Este análisis comenzó por la planta baja donde, a partir de un papel calco, se tomaron referencias de las relaciones proporcionales de los apoyos de la casa, es decir la ubicación de sus columnas.

En una primera observación, Análisis N°1 - Símbolos Masónicos en la Casa del Dr. Curutchet (Figura 21 / 2024) se realizó un conteo de

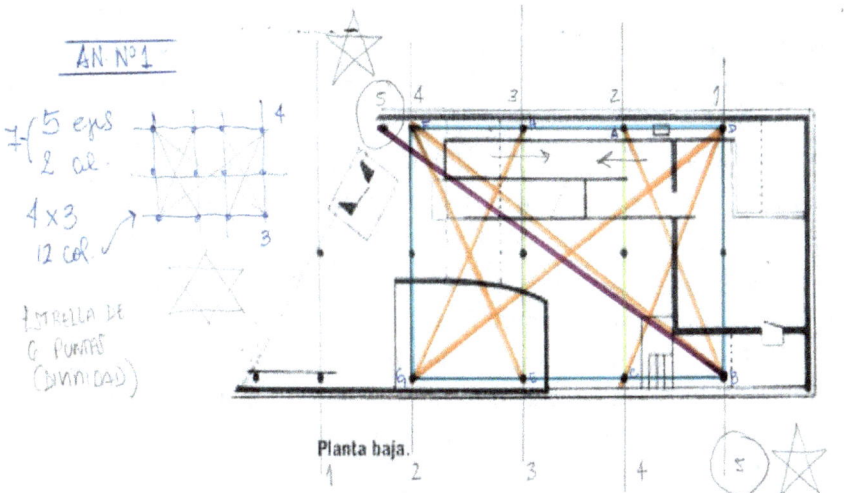

Figura 21 A. 2024 - Fuente: Construcción propia Dradi Serena.

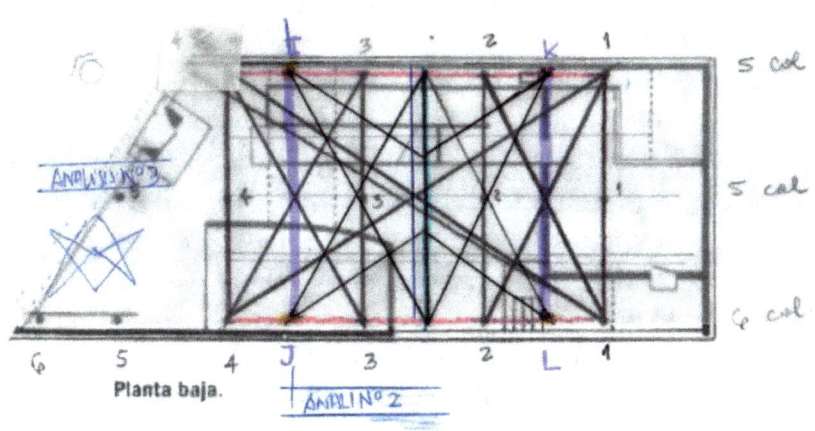

Figura 21 B. 2024 - Fuente: Construcción propia Dradi Serena.

los ejes estructurales de atrás hacia adelante sólo de las columnas que se encuentran en el centro del lote, una decisión arbitraria guiada por los objetivos de esta investigación. Así, se reconocieron cinco ejes sobre la casa, luego se nombró a una de las columnas sobre la medianera más corta como el punto A y desde allí se trazó una recta hasta la columna identificada como el punto B, repitiendo el procedimiento desde la columna C a la D. Luego se reconoció la columna E, se trazó hasta la columna F y se unió a través de otro trazo a la columna G y H (Figura 21/2024 - A). Por último, se realizó un trazo del punto G al punto D y del punto F al punto B (Figura 21/2024 - A).

Como resultado de este trazado, se configuró la forma de una estrella, que en una primera observación parecía ser de seis puntas, es decir una estrella que es símbolo de la divinidad. Esta estrella partida se construye sobre una grilla de doce pilares, tal como se observa en el análisis inscripto en un rectángulo que se identifica de color celeste en el Análisis N°1 (Figura 21/2024 - A). Este polígono tiene una columna muy próxima a F que al mismo tiempo constituye la fachada. Esto llevó a la unión de esta columna y el punto B a través de un trazo que en la figura se coloreó de bordó (Figura 21 / 2024 - A).

Luego se colocó otro papel calco para tomar referencias de las dos mitades de la estrella que se observó en la figura (Figura 21/2024 - B). Así se consolidó el eje central de la estrella representado en la figura por una línea celeste, que llevó al encuentro de los ejes verticales I – J y K – L (en violeta), lo que llevó a la posición del centro del rectángulo reconocidos en el Análisis N°1 (Figura 21 / 2024 – B, estos rectángulos son los conformados por F-H-G-E y A-D-C-V, A36 / 2024 - A). Esta nueva posición llevó al reconocimiento del punto M y el punto N, que al trazar una línea hacia el punto Ñ, se vinculan en un ángulo de 90° representando una escuadra, un símbolo fundacional de la Masonería.

Esto llevó a la búsqueda del compás que se identificó en la unión del punto O con el punto 1 y 2, tal como se observa en la Figura 21/2024 - B. Este procedimiento geométrico de trazos identificó en la planta baja el compás, con su ángulo y la escuadra a noventa grados sobre el mismo eje en la parte inferior del dibujo, que podrían observarse en espejo si este proceso se aplicará sobre la medianera más chica. Como se expuso previamente, la escuadra y el compás son la base simbólica de la Masonería, por lo que encontrar y vincular esos trazos, lleva a la pregunta de si el símbolo de la plomada se presenta en los planos de la casa. (Figura 21 / 2024 - B).

Este estudio sobre las plantas de la Casa del Dr. Curutchet identificó varios símbolos que se develaron a partir de los trazos realizados. Esta práctica geométrica es un arte que se practicaba en la antigüedad, donde las relaciones de figuras conducían a construcciones, inventos y a la expresión más sincera de los que significa la masonería y la trascendencia que tienen los símbolos y los patrones para el Arquitecto del Universo. Uno de los primeros símbolos identificados es la Estrella de 6 puntas que se observó a partir de unir la grilla principal de las columnas que se presentan en la casa.

La estrella partida se observó en el procedimiento de trazos entre columnas, las que se ubican en una grilla de 3 por 4, es decir se ubican tres columnas del lado corto de la grilla rectangular y cuatro columnas se posicionan en la parte larga del rectángulo, lo que da un total de 12 columnas (Figura 21/2024 - A). El número 12 es un símbolo importante en múltiples religiones: los doce apóstoles, las doce tribus de Israel, los doce signos del Zodiaco, Hércules y sus doce trabajos. La pregunta en este paso es sí representó una relevancia simbólica para Le Corbusier esta grilla de doce columnas.

Para la Masonería, el número 12 se encuentra presente en el templo. Terrones Benítez Adolfo (2022) señala esta relevancia simbólica dentro del taller masónico:

> Circundando al Taller, y sobre los Frisos de las referidas Doce columnas, observamos un Cordón dorado, formando también Doce Nudos, mismos que representan a los Doce Meses del Año y cuyos extremos rematan en dos borlas, que finalmente caen sobre las Esferas que sostienen las Dos Columnas de la entrada del TEMPLO; éste cordón en conjunto, es alegórico de la Elíptica que recorre la Tierra, en su movimiento de traslación para producir las Cuatro Estaciones del año (2022, p. 30).

El autor también reconoce el número 12 en la columna B del templo de logias simbólicas, de orden dórico, ya que representa uno de los principios primitivos de la Arquitectura Universal, la cual tiene una circunferencia de 12. Para él, las doce columnas, simbólicamente son "genuinas representativas de las Ciencias que se imparten dentro del seno de la Masonería; (…) esas elocuentes lecciones de Sabiduría, que como materias de enseñanza deben aprender y propagar nuestros queridos Hermanos y Aprendices" (Terrones Benítez, 2022, p. 44).

Estas columnas simbólicamente sostienen la bóveda de la logia y tienen una filosófica masónica propia de ser, donde el símbolo está en la personificación a las dignidades y oficiales que gobiernan y dirigen los trabajos del taller, las enseñanzas científicas de la Masonería. Son tres columnas que responden a los más antiguos órdenes de la arquitectura: el dórico, el jónico y el corintio. Luego con el paso del arte arquitectónico surgieron dos órdenes más, Toscano y Compuesto, el simbolismo orgánico de todas las logias, establecido en sus modalidades y preceptos. Este autor sugiere que tres hermanos constituyen una logia justa, que cinco miembros la hacen perfecta y que con siete se define justa y perfecta. Esto quiere decir que como base se toman los tres órdenes de la arquitectura primitiva, a los dos y a los siete de la moderna, lo que lleva a los doce órdenes de la arquitectura. Estas columnas decoran el Templo Masónico.

La Estrella de seis puntas que se presenta entre los trazos de unión de estas doce columnas en los estudios geométricos realizados, encierran muchos vínculos con la Masonería. La estrella, es también conocida como el sello de Salomón, compuesta por dos triángulos equiláteros invertidos, uno con su punta mirando al cielo y la otra mirando a la tierra. El triángulo tiene una connotación simbólica similar a la de los dos pilares: para la Masonería el triángulo que mira al cielo representa al Gran Arquitecto, mientras el triángulo con punta hacia abajo representa el poder del sacerdote que recibe una autoridad espiritual. Este doble triángulo presenta tres ángulos que simbolizan la sabiduría, la verdad y la justicia, mientras que los tres ángulos del otro triángulo simbolizan la verdad, la concordia y la paz. También existe un séptimo ángulo en el centro de esta doble estrella que simboliza el centro místico, representado por la belleza y la armonía.

El Sello de Salomón es el símbolo que nace de los dos pilares principales de una logia masónica, que son las columnas B de Boaz y J

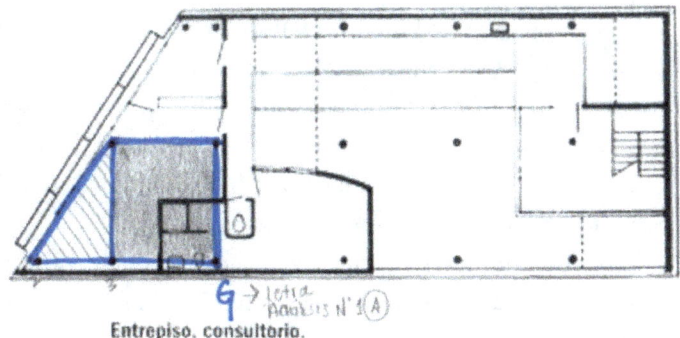

Figura 21 C. 2024 - Fuente: Construcción propia Dradi Serena.

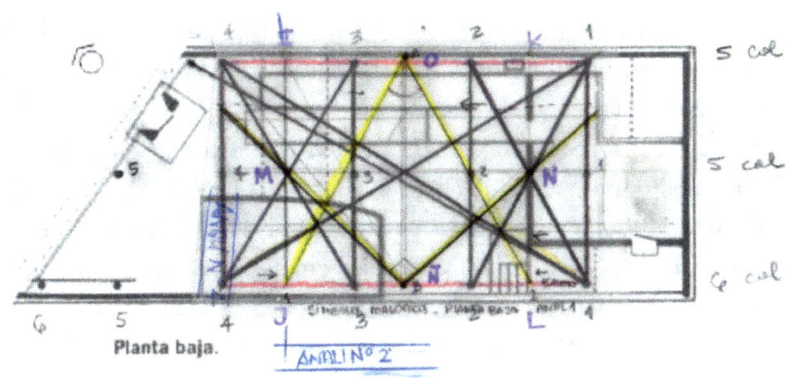

Figura 21 D. 2024 - Fuente: Construcción propia Dradi Serena.

de Jaquin que representan el espíritu y la materia. Es importante tener en cuenta que los edificios o construcciones encierran un espíritu, así como el cuerpo humano encierra un alma, por ende, para ser efectivo el símbolo, necesita de un cuerpo en el cual expresarse, una materia para hacer visible no indecible e inefable. Para que la materia se perfeccione, debe subyacer dentro un espíritu, intencionado. Este mismo simbolismo se expresa en la escuadra y el compás, donde la facultad del masón es objeto de contemplación ya que obra en pos de la fusión de la conciencia humana con la ley cósmica del centro.

Respecto a estos símbolos, la escuadra y el compás se identifican con claridad en el resultado final de los trazos realizados sobre las plantas arquitectónicas de la Casa del Dr. Curutchet. En el Análisis N° 1- Símbolos Masónicos en la Casa del Dr. Curutchet (Figura 21 / 2024 – C) presente en este libro se declara un compás y una escuadra revelados a partir del proceso geométrico realizado, lo cual brindó los puntos exactos que construyen los ángulos de las herramientas principales de la masonería.

Dentro del conocimiento o progreso iniciático, la escuadra y el compás representan el camino hacia la luz de la sabiduría masónica, y una búsqueda del ángulo hacia su origen y verdad ya que el simbolismo presenta dos distintos ángulos, uno con vértice hacia arriba y hacia el Oriente y el otro con el vértice dirigido hacia abajo o hacia Occidente.

Por último, con el objeto de ampliar esta observación, cabe señalar un símbolo interesante de observar sobre el consultorio del doctor en la planta arquitectónica del entrepiso: si se observa esta planta se ve que donde se ubica la camilla (frente a la fachada), se identifican tres columnas, dos de las cuales componen la fachada (esto se ilustra en el Análisis N° 1 - Símbolos Masónicos en la Casa Curutchet, Figura 21/2024 - D). Estas tres columnas se posicionan en el trazo de un triángulo de ángulo recto que, observado desde una perspectiva filosófica masónica, construye un triángulo pitagórico que representa un ángulo recto formado por la escuadra que simboliza fijeza, estabilidad y las leyes físicas que gobiernan el reino del occidente, es decir, la materia.

El Teorema de Pitágoras es de suma relevancia para el simbolismo masónico, ya que se ve representada la escuadra, instrumento de medida y rectificación debido a que este triángulo rectángulo forma parte de los descubrimientos de las escuelas pitagóricas, donde queda en evidencia que no se trata de una geometría ordinaria, sino que reivindica el estudio de la trigonometría en virtud de entender la importancia de la relación de las figuras geométricas y la aplicación universal de sus propiedades. Por ejemplo, el hecho de que todas ellas pueden reducirse o descomponerse en triángulos. Lavagnini Aldo (2017) explica que "el uso de la ESCUADRA y el TRIÁNGULO es indispensable para lograr el PERFECCIONAMIENTO de todas las Obras Humanas, materiales e inmateriales, así como para establecer las Reglas de la Exactitud, de la Simetría y de la Estética" (2017, p. 85).

Curutchet, doctor en cirugía, atendía en un consultorio, que tal como se ilustra en los análisis realizados, se encuentra entre tres columnas ubicado dentro de un triángulo rectángulo, donde el ángulo recto se hace presente, simbólica y energéticamente, frente a ese gran juego de proporciones sobre la fachada. Esto abre al debate de si Le Corbusier pensó en tal simbolismo para el espacio de trabajo del doctor, con tanta profundidad y poesía ya que es importante recordar su libro de poesía, *Le Poème de l'angle droit* (*El Poema del ángulo recto*) publicado en 1955.

Los símbolos masónicos identificados tanto en el exterior como en el interior de la casa evidencian un conjunto de enseñanzas masónicas que se alinean con la búsqueda de las tres dignidades que construyen el triángulo de las ciencias naturales. Los principios fundamentales de la masonería radican en la razón, la educación intelectual, moral y ética y el fomento del librepensamiento. Este deber ser de la simbología masónica que representa las tres dignidades, consiste en una explicación astronómica que tiene como núcleo al Venerable Maestro, quien representa al sol en oriente como una fuente de luz y vida que emana sus refulgentes rayos sobre la naturaleza.

Luego de recorrer los símbolos encontrados en los planos de la casa, se comprende que la definición clara sobre el purismo de Le Corbusier, donde la casa podría definir la perfección, ya que queda demostrado cómo su deconstrucción geométrica y el análisis de sus formas puras conducen a la creación de diversos universos, que en este caso buscan la expresión de la belleza y la perfección dentro de la arquitectura.

Esto significa que la Casa del Dr. Curutchet, es una obra maestra que se reconoce como tal dentro y fuera de ella, en relación con la ciudad, su entorno inmediato y en relación con su interior, tal como la define Le Corbusier como una Máquina de Habitar que funciona gracias a su geometría intrínseca. La Masonería, sin hacer referencia a su institución, sino a su origen más genuino simbólico y operativo, es lo que representa la casa, sus valores, sus sabidurías, sus secretos, sus conocimientos y su emoción arquitectónica, trabajada y lograda a partir de símbolos y significados que están presentes en el vínculo del hombre con el Universo y que en esta oportunidad tuvieron como Gran Arquitecto del Universo a Le Corbusier.

∴

CAPÍTULO 4

Le Corbusier y un legado masónico como medio emocional para el diseño

4.1. Escala y Modulor en la Casa del Dr. Curutchet

La invención del Modulor por parte de Le Corbusier representó la lucha por defender la escala arquitectónica basada en el ser humano y. En otras palabras, el Modulor representa una escala en base a medidas anatómicas verdaderas respecto del ser humano. Esto nace con la intención de reivindicar este vínculo entre la casa-templo y el cuerpo, donde la aplicabilidad de este instrumento demuestra que el metro no es más que cifras decimales, cifras que son incapaces de calificar y cargar de valor a la arquitectura. Le Corbusier, hace una crítica muy puntual al metro sobre la carencia de esta sensibilidad humana en su libro el *Modulor*, al señalar que es un:

> Utensilio incluso peligroso si partiendo de su abstracta conformación numérica, se materializa, por descuido o pereza, en medidas cómodas: el metro, el medio metro, el cuarto de metro, el decímetro, etc.; evolución que se realiza poco a poco en el transcurso del siglo debilitando la arquitectura (1953, p. 30).

Esta gran advertencia permite tomar dimensión de la importancia que implica la acción de trazar arquitectura con medidas que presenten relaciones proporcionales con el ser humano, como lo es el Modulor. Para el arquitecto, es imprescindible entender que el sentido de la forma del diseño espacial no debe nacer de formas burdas y sistemáticas, adecuándose a las medidas cómodas o estandarizadas, porque al proyectar de ese modo el espacio, hace que pierda la capacidad de influenciar de manera sensorial y emocional sobre las personas. De hecho, Le Corbusier habla de un debilitamiento en la arquitectura por la pérdida de la aplicación de elementos de la geometría sagrada, como las proporciones.

A continuación, se expone de forma breve la producción gráfica propia de Le Corbusier en sus aportes el *Modulor* (1953), a fin de identificar los símbolos y la filosofía masónica sobre el hombre y el templo, es decir la relación entre el cuerpo y el edificio. Como se profundiza en el primer capítulo, un templo masónico presenta asociaciones y vínculos simbólicos para con el cuerpo humano, lo que alimenta la teoría de los edificios y su relación con la anatomía humana. Una observación importante a tener en cuenta es que el segundo volumen se publica en el mismo año que se termina de construir la Casa del Dr. Curutchet, lo que lleva a cuestionarse cuánto aportó este proyecto a la reflexión del arquitecto sobre la geometría, la proporción y la relación del cuerpo humano con el edificio.

Esta referencia proporcional diseñada por el arquitecto para la creación de espacios en planta y alzada (corte-vista), encierra al hombre en una altura de 1.75 que con el brazo levantado llega a un total de 2.20 metros. Está construido por el arquitecto a partir de dos cuadrados de 1.10m; al colocar ambos cuadrados uno al lado del otro, el tercer cuadrado se representa entre ambos a partir de la identificación del ángulo recto, tal como lo ilustra Le Corbusier en el *Modulor* (1953). En resumen, se parte de una sección áurea, se construye el cuadrado, luego se traza una diagonal abatida, cuyo ángulo pasa por el centro del cuadrado inicial, como lo ilustra el arquitecto (1953, p. 35).

El *Modulor* de Le Corbusier se presenta como una escala basada en la proporción del cuerpo humano, algo que puede observarse en la Casa del Dr. Curutchet si se superpone una construcción gráfica de esta escala propia del arquitecto sobre la documentación arquitectónica de la casa. Sobre la grilla compuesta por doce columnas analizada en el apartado del capítulo anterior, se superpone en transparencia la Figura 100 del libro *Modulor*, donde se identifica la misma proporción y estructura utilizada por Le Corbusier para ilustrar al hombre en la proporción del *Modulor* (Figura 21 / 2024 - A).

Tal como se ilustra en el Análisis N°2 – *Modulor* en la Casa del Dr. Curutchet (Figura 22 / 2024 – A) se superpone la planta baja de

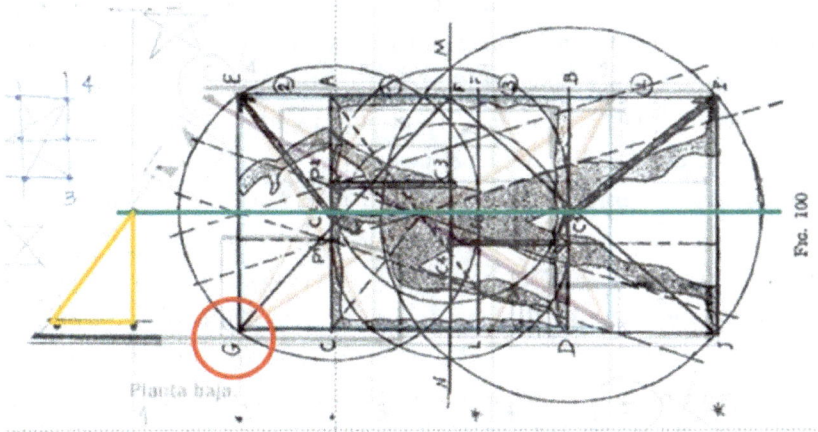

Figura 22. 2024 - Análisis N°2 – *Modulor* en la Casa del Dr. Curutchet – Construcción propia Dradi Serena.

la casa y la Figura 100 del Modulor, donde inscripto en dos circunferencias, como *Vesica Piscis* (Vesícula del Pez), una menor y otra mayor que se interceptan con el rectángulo que inscribe al Hombre Modulor, coincide proporcionalmente en largo y ancho con los límites de la casa existentes entre la medianera del fondo y el eje número 4 identificado en el análisis sobre la casa. Este rectángulo presenta un ángulo recto trazado por el arquitecto, que superpuesto sobre el Análisis N° 1 - Símbolos Masónicos en la Casa del Dr. Curutchet, explicado en el capítulo anterior, permite reconocer la casual coincidencia simbólica de una referencia, la ubicación del punto G, cuya importancia masónica ya se ha señalado (Figura 21 / 2024 - C).

El ángulo recto trazado por el arquitecto en la construcción del Modulor ilustrado en la Figura 100 del Modulor, se construye por los puntos J, F y G. Este último punto se identificó bajo la misma letra en el Análisis N°1. La letra G, de Geometría, de Gran Arquitecto del Universo (G.A.D.U.), se presenta en la estrella de cinco puntas al oriente en el templo masónico, sobre el sitial del Gran Maestro, Gran Logia, Gran Oriente. Como se sostuvo a partir de Lomas (2011), la letra G se encuentra en el templo masónico y significa Dios (en inglés *God*), representando al Gran Geómetra del Universo (Análisis N°1 - Símbolos Masónicos en la Casa del Dr. Curutchet - Figura 21 / 2024 - C), lo que evidencia parte de la relación simbólica y filosófica que presenta la Masonería con la naturaleza y el universo.

Al mismo tiempo, el Análisis N° 2, revela otra coincidencia entre la planta baja de la casa y el *Modulor* de Le Corbusier, posibles de identificar a partir del eje horizontal de la casa que traza la rampa y el tabique del garaje. Éstos se posicionan perfectamente sobre los puntos P2- C3 y P1, C4 y C1, trazados por el arquitecto en la construcción de la figura 100 en el libro *Modulor* (Figura 22/2024). Los puntos trazados por el arquitecto en la figura 100, representando la recta D-B, tal como ilustra el análisis, coinciden con el tabique que delimita el ingreso a la casa, al mismo tiempo que la representación puntada de la interrupción de la cubierta, lugar donde se ubica el árbol que creció a través de él, se ubica la cabeza del Modulor dibujado por Le Corbusier (Figura 22 / 2024).

Este árbol que fue pensado por el arquitecto e inicialmente negado por el doctor, representa de forma empírica los efectos que produce la casa en resonancia con la naturaleza ya que como quedó demostrado al tener aplicada en su diseño Geometría Sagrada, se crea un espacio que se denomina capacitor (es decir, un espacio que por sus condiciones geométricas presenta una resonancia energética capaz de cargarse y descargarse naturalmente). El árbol de la casa tiene menos de 70 años y es tan fuerte y alto como los árboles que hay en el entorno inmediato de la casa que presentan más de 100 años. En la actualidad el árbol ya superó un piso más en altura respecto a la casa. El estudio realizado por Le Corbusier sobre el recorrido del sol y la capacidad de la casa en retenes y reflejar luz queda empíricamente demostrado en el crecimiento abismal del árbol que conserva en su interior y que para este libro tiene más que solo la causalidad de querer poner un árbol allí.

Bajo una visión muy poética, el árbol es un símbolo de crecimiento ubicado en el mismo lugar que se traza la cabeza del Hombre Modulor, órgano fundamental del crecimiento humano intelectual. Este árbol, plantado intencionalmente para esta casa, bien podría simbolizar la búsqueda del conocimiento reflejado en la luz, el simbolismo del crecimiento espiralado de la Naturaleza como lo sostiene la Masonería.

Por último, se presenta a continuación el Análisis N°3 - Grilla Modulor Casa del Dr. Curutchet, revela que la superposición de la Figura 100 presente en el Modulor I (1953) y el Análisis N°1, realizado para esta investigación, coinciden en el punto identificado en el pecho del Modulor trazado por el arquitecto y el punto que se identifica a partir del trazo de las diagonales B-F y G-D, trazados en al Análisis N°1 - Símbolos Masónicos en Casa del Dr. Curutchet y explicados en el capítulo 3 (Figura 21 / 2024). Este punto se ubica en el dibujo de Le Corbusier sobre el corazón del hombre, al mismo tiempo que se revela en el análisis realizado en esta investigación, simbólicamente, que el corazón para la Masonería se representa a través del trabajo filantrópico (Figura 22 / 2024).

Autores como Laban René (2006) sostienen que esta lectura respecto a que el corazón del masón se alimenta del trabajo filantrópico: "los trabajos exteriores son una manera de recordar que el verdadero trabajo se realiza en el interior, en el centro, en el corazón, al mismo tiempo que son una simulación de estos" (2006, p. 73). Este corazón dentro de la logia masónica se ubica en el centro que es el lugar de la recepción de la palabra, que por excelencia se representa con el libro sagrado, la Biblia. El corazón representa el símbolo de la verdad, que por medio de su intuición se manifiesta la obra humana que se alimenta del amor filantrópico.

A su vez, este eje horizontal central de la casa recorre cinco columnas que, al trazar una línea sobre ellas, tal como se identifica en el Análisis N°1 (Figura 21/2024), lleva nuevamente al triángulo rectángulo que fue identificado en el consultorio del Dr. Curutchet. Esta figura geométrica se vinculó con el simbolismo masónico que presenta los descubrimientos de Pitágoras y el trabajo masónico. Este punto G identificado anteriormente revela otra relación con lo explicado en el capítulo 3, y es que ese punto, en coincidencia con el análisis propio de esta investigación y el dibujo ilustrado en la figura 100, revelan la construcción de un cuadrado, trazado por las cuatro columnas, tres ubicadas dentro del consultorio del Dr. Curutchet y una dentro del baño (Figura 21 / 2024 - D).

A1

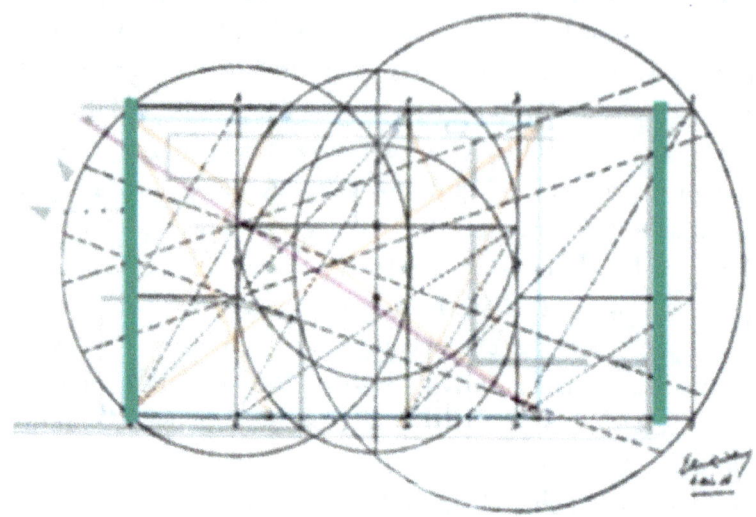

A2

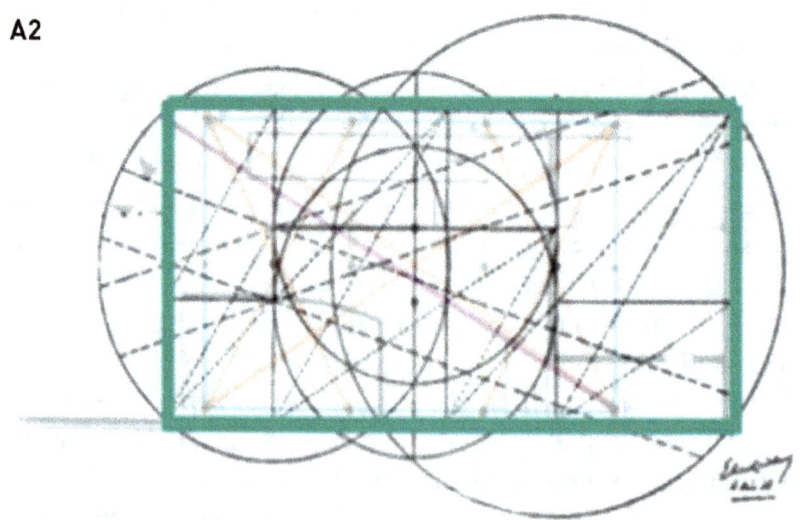

112 SERENA DRADI

A3

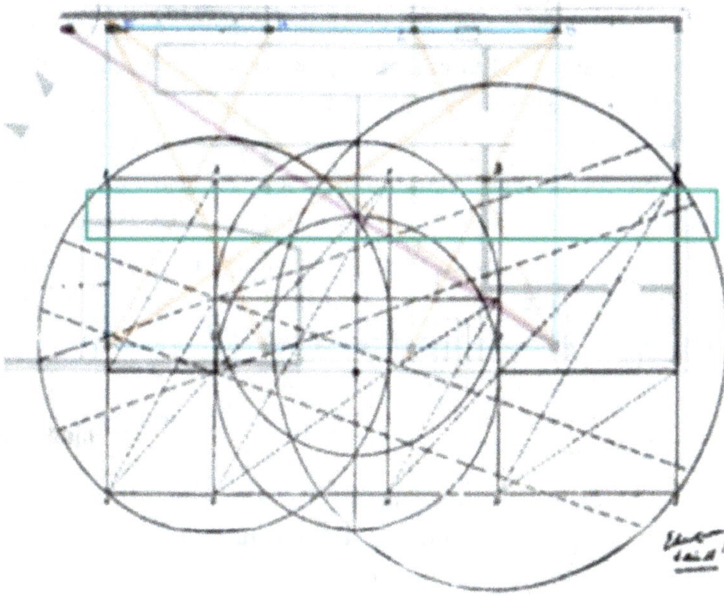

A4

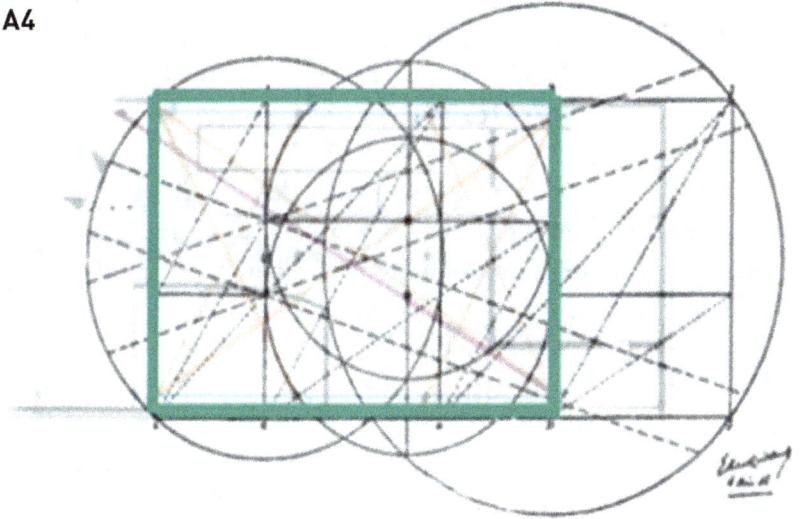

Figura 23. 2024 - Análisis N°3 - Grilla Modulor Casa Curutchet - Construcción propia Dradi Serena.

Esta construcción se asimila con un símbolo presente en la arquitectura que refiere al Teorema de Pitágoras, un simbolismo masónico que se identifica a partir del triángulo rectángulo, representado por la escuadra, instrumento de medida y rectificación del mundo concreto o de la realidad visible. El triángulo rectángulo se evidencia en el famoso teorema de Pitágoras, cuyo valor no se limita a la geometría ordinaria, y como tal se le encuentra entre los símbolos masónicos. Lavagnini Aldo (2017) sugiere que el estudio de la trigonometría expresa la importancia del triángulo en general, en relación con las demás figuras geométricas (todas pueden reducirse o descomponerse en triángulos), y la aplicación universal de sus propiedades. Al respecto afirma que:

> El mismo cuadrilongo que constituye la Logia se resuelve diagonalmente en dos triángulos rectángulos, y otro triángulo rectángulo debería resultar de la unión de los tres lugares que corresponden a las tres Luces en su justa y exacta posición. Tampoco debe olvidarse la propiedad característica de los triángulos, cuyos tres ángulos forman siempre dos ángulos rectos, es decir, el ángulo cuyos dos lados se continúan en línea recta, siendo así aquella figura geométrica la expresión ternaria circunstanciada de las infinitas posibilidades representadas por la línea recta, que es un punto en movimiento en el infinito (2017, p. 66).

Hay una gran coincidencia discursiva y de procedimiento geométrico entre la consolidación del *Modulor* de Le Corbusier, a partir de la construcción de los tres cuadrados mencionados anteriormente, respecto a las tres luces que el autor identifica y que corresponden a las luces masónicas que la hacen justa y perfecta, como lo es la Casa del Dr. Curutchet en valores arquitectónicos, con su pureza y plasticidad blanca (Figura 21/2024 - D).

El análisis derivó en otros hallazgos que se identifican, como el Análisis N°3 - Grilla Modulor Casa Curutchet (Figura 23/2024) que propone coincidencias entre el Análisis N°1 y la construcción proporcional del Hombre Modulor, ilustrada en la Figura 99 (1953, p. 222), del *Modulor* de Le Corbusier, donde se observan otros hallazgos proporcionales que vinculan los estudios realizados. En el Análisis N°3

(Figura 23/2024) A1 - A2 - A3 y A4, se exponen a modo de allanar camino a futuros hallazgos y búsquedas entre el *Modulor* y la casa.

Dentro de las artes, en especial la arquitectura, ha sido venerada y practicada en todos los tiempos como un arte divino, un texto materializado que representa la forma exterior de toda civilización, cultura o tradición, de la cual puede considerarse al mismo tiempo como causa, del simbolismo, fiel representante o medio, condición necesaria para la expresión humana natural o la representación.

El cuerpo humano, la casa y el templo presentan una relación directa e intrínseca de retroalimentación energética, ya que esta relación hace a la creación de espacios: el templo es el hombre que, así como fue creado, es recreado y esto es porque el cuerpo contiene un alma y la casa o construcción encierra un espíritu. En base al caso de estudio, esta primera síntesis planteó al hombre en su vínculo con la casa de forma simbólica y energética, lo que hace al sentido del arquitecto respecto a la decisión proyectual de las formas y el uso de la Geometría Sagrada en la arquitectura moderna. A su vez, se reflexionó sobre el funcionalismo arquitectónico en que deviene el sentido de la forma que claramente Le Corbusier deja asentado, evidenciado en esta casa mediante el vínculo de sus espacios con los simbolismos encontrados y sus significados.

.
. .

4.2. Masonería indecible en el discurso del *Modulor*

El Modulor representó un gran aporte de Le Corbusier a la arquitectura en materia de ciencia y arte para una consciente representación proyectual y una consciente construcción de arquitectura digna en resonancia. Como tal aporte persigue la misma la relación interdisciplinaria de conocimientos, en virtud del deber ser del masón que democratiza y universaliza el saber, Le Corbusier dejó en sus manifiestos un posible legado simbólico masónico en sus estudios sobre las leyes de la naturaleza y el universo, como Gran Arquitecto del Universo (G.A.D.U.).

Este apartado recupera algunos símbolos y significaciones presentes en el manifiesto de Le Corbusier, a fin de identificar y reconocer connotaciones que se vinculan de forma directa con la Masonería en el *Modulor* de 1953 y dejando para el futuro esta misma tarea, pero sobre el *Modulor* II publicado en 1955.

En primera instancia, un símbolo masónico presente en las primeras hojas del *Modulor*, son los tres puntos que construyen un triángulo equilátero separando los textos. Este mismo símbolo se identificó ya en otras publicaciones de Le Corbusier, cumpliendo la misma función como se demostró en el capítulo 1 de la presente investigación en el análisis del libro *Hacia una Arquitectura*. Esos tres puntos presentes en el Rito Escoses, Antiguo y Aceptado de la Masonería, encierra un simbolismo que refiere al emblema del Ternario. Lavagnini Aldo (2017), señala que los tres puntos sintetizan el Misterio de la Unidad, de la Dualidad y de la Trinidad, es decir, el Misterio del Origen de todas las cosas y de todos los seres:

> Encontramos estos tres puntos, armónicamente juntos y diferenciados en una Unidad Oriental y una Dualidad Occidental, en las tres Luces del Ara, en torno del Libro de la Tradición que llega a través de los siglos la Eterna Verdad, y de los instrumentos que se necesitan para comprenderla y aplicarla (2017, p. 64).

Este recurso de utilizar este triángulo construido por tres puntos, de gran carga simbólica masónica y directamente presente en el rito masónico, se encuentra en otros manifiestos del arquitecto. A veces este símbolo que divide párrafos y temarios está representado por cinco puntos en línea recta, como se analizará en el siguiente subapartado dedicado a la estrella de cinco puntas.

En línea con esto, dentro del primer capítulo del *Modulor*, el arquitecto menciona los constructores de templos, panteones y catedrales, arquitectura vinculada con el arte de construir y la lección de la antigüedad. Esta arquitectura se vio muy influenciada por los masones presentes en el área de la construcción de aquel momento, por el secretismo de sus conocimientos que daban como resultado el diseño espacial de monumentos cargados de capacidades, de símbolos sobre leyes físicas y geométricas, reflejando el deber ser del masón como se expuso en el capítulo 1 en referencia a la definición del masón, su función y rol.

Le Corbusier admira esta unificación de la ciencia y el arte a partir de la invención de su Hombre Modulor, el cual encierra cifras que se adaptan a la estatura humana, un alto total de 2.164m para una persona de 1.75m de altura. Este vínculo se atribuye al espacio y las cifras antropocéntricas y representan una situación matemática particular, privilegiada y característica de la perfección y belleza proporcional. Esta medida 216, luego será 226, partiendo de la sumatoria de 113 + 70 + 43 = 226, cálculo que explica el arquitecto en el manifiesto (1953, p. 63).

Esta invención se adapta a la perfección al cuerpo humano, y cubre los puntos esenciales de la ocupación del espacio. Además de ser sencilla, representa una evolución matemática de un valor a reconocer, que es la unidad, su doble y las dos secciones áureas sumadas o restadas. Una regla proporcional que se asimila a la de tantos decrecimientos volcados a la arquitectura y al arte por parte de masones.

Al respecto, en su manifiesto el arquitecto realiza una pregunta no inocente: "¿Qué hace el maestro de ceremonia encargado de introducir medidas verdaderas a la obra construida? ¿Qué puede hacer y qué debe hacer?" (1953, p. 73). Con estas preguntas se refiere a las reglas visuales basadas en la escala humana, y en el ojo, que es el maestro de ceremonias. Este término representa un cargo dentro de Masonería, el cargo de maestro de ceremonias, propiamente dicho por Le Corbusier.

La Real y Respetable Logia Manuel Quiroga N°548 de Argentina, en su Manual del Aprendiz, señala que el maestro de ceremonias en un templo masónico hace cumplir todo el ceremonial masónico e informa al venerable maestro de cualquier falta que advierta en la ejecución: "es el responsable de disponer el templo para la apertura y cierre de los trabajos. También acompaña a cada H: si ha de ejecutar alguna acción" (2022, p. 86). El maestro, Le Corbusier, en cierto punto llama al trabajo de hacer arquitectura, como un maestro de ceremonias, abre y cierra trabajo, en este caso ensayos que van reformulando a su Hombre Modulor, estudios que se van retroalimentando.

En el capítulo 3 del *Modulor*, el arquitecto se dedica a hablar de la matemática como un magistral edificio imaginado por el hombre para comprender el universo. En el comienzo de este capítulo, señala que a veces se encuentra una puerta que se empuja y por la cual se entra a otro sitio donde se encuentran los dioses y las claves de los grandes sistemas. Estas puertas milagrosas que poéticamente señala Le Corbusier en su manifiesto, bien podrían vincularse con las puertas del templo masónico, donde yace dentro otro tipo de conocimiento que justamente encierra la poesía del Gran Geómetra del Universo, expresada en el simbolismo de los elementos arquitectónicos, las alegorías y la filosofía masónica. Puertas que conducen a nuevos conocimientos interno y externos, que en el caso del arquitecto brindaron herramientas para la construcción de sus múltiples legados, que se podrían definir a esta altura de la investigación, de carácter masónicos.

De hecho, en este mismo capítulo, Le Corbusier menciona que este trabajo es el resultado de su pasión, una necesidad y un deber, la constante búsqueda de pruebas, por eso este manifiesto resulta ser una recopilación de estudios que se van retroalimentando y evolucionando entre ellos. Representa, en palabras del arquitecto: "un derecho asegurar la marcha, una obligación de sentirse honesto y leal, verdadero y limpio" (1953, p. 77).

El arquitecto declara temas de arquitectura, arte, poesía, lógica, física, geometría, matemática, música, simbología, múltiples conocimientos que se entrelazan. Se expresa a través del arte de construir, como lo dicta la filosofía del masón, en este caso, él mismo declara en este manifiesto que investiga el espíritu inscripto en las fibras de las obras de artes de los griegos, los egipcios, la arquitectura gótica e india. En todos ellos se encuentra la masonería y la masonería aborda a todos ellos. Le Corbusier realiza el mismo trabajo simbólico silencioso y secreto, construyendo con señales, mensajes, símbolos, conocimientos que expone del mismo modo que lo hacen los escritos masónicos, pero sin hacer identificación explícita de estos.

Por último, como evidencia de la misión de Le Corbusier, en su primer manifiesto, señalaba que:

Deseo continuar tranquilamente las investigaciones sobre el Enrejado, emprender y ampliar sus aplicaciones prácticas y describir, según las circunstancias cotidianas y por mis propios ojos y mis propias manos, sus virtudes y sus defectos, ratificarlo y ponerlo a punto. No necesito una organización comercial ni quiero publicidad. La naturaleza de mi invento es tal que, si vale, los arquitectos modernos, amigos míos en todo el mundo, lo aceptarán y sus revistas –las mejores de todos los países– ofrecerán sus páginas para estudiarlo y divulgarlo (1953, p. 44).

Le Corbusier reconocía totalmente la disyuntiva que representaba para el mercado y la industria, pero defendía la dignidad del arte de construir. De hecho, esto le generó inconvenientes en varias ocasiones, dado que colegas, empresas y el público le discutían al arquitecto que su invento no se podía ajustar a las cifras redondas del sistema inglés, o del metro decimal, que se adaptan mal a las medidas que representaba la Asamblea de Constructores para una Renovación Arquitectónica (AFNOR). Pero este límite no detuvo el gran aporte de Le Corbusier, pues comprendió que esta herramienta de medida resultaría útil para los arquitectos y constructores que buscan la armonía, perfección y belleza que la proporción puede facilitar, a la vez que esta tarea, de ajustarse al mercado, no hubiera sido de tanta trascendencia para la ciencia y el arte. Si el arquitecto no hubiera insistido en sus postulados y en cada una de sus exhortaciones, de sus alegatos y sus éxitos, "pasa el cajero y cobra en mi nombre" (1953, p. 45). Pero Le Corbusier no fue un simple pasajero, sino un mentor en los eslabones del conocimiento y la sabiduría hablándole a los arquitectos del futuro.

4.2.1. El Modulor, el Hombre Vitruvio y la Estrella flamígera

En su manifiesto el *Modulor* (1953), Le Corbusier comienza el debate del capítulo 1 señalando la necesidad de consolidar una medida visual y en armonía para la expresión creadora, refiriéndose a una lengua única y un pensamiento central, a una construcción universal que estuviera en conexión con el ser humano a partir de la proporción y la búsqueda de la armonía en la plasticidad de la arquitectura. En virtud de esto, el arquitecto se refiere a la arquitectura propia de masones constructores, citando –los templos, las catedrales y los panteones–

circunstancias cotidianas y por mis propios ojos y mis propias manos, sus virtudes y sus defectos, ratificarlo y ponerlo a punto. No necesito una organización comercial ni quiero publicidad. La naturaleza de mi invento es tal que, si vale, los arquitectos modernos, amigos míos en todo el mundo, lo aceptarán y sus revistas –las mejores de todos los países– ofrecerán sus páginas para estudiarlo y divulgarlo (1953, p. 44).

Le Corbusier reconocía totalmente la disyuntiva que representaba para el mercado y la industria, pero defendía la dignidad del arte de construir. De hecho, esto le generó inconvenientes en varias ocasiones, dado que colegas, empresas y el público le discutían al arquitecto que su invento no se podía ajustar a las cifras redondas del sistema inglés, o del metro decimal, que se adaptan mal a las medidas que representaba la Asamblea de Constructores para una Renovación Arquitectónica (AFNOR). Pero este límite no detuvo el gran aporte de Le Corbusier, pues comprendió que esta herramienta de medida resultaría útil para los arquitectos y constructores que buscan la armonía, perfección y belleza que la proporción puede facilitar, a la vez que esta tarea, de ajustarse al mercado, no hubiera sido de tanta trascendencia para la ciencia y el arte. Si el arquitecto no hubiera insistido en sus postulados y en cada una de sus exhortaciones, de sus alegatos y sus éxitos, "pasa el cajero y cobra en mi nombre" (1953, p. 45). Pero Le Corbusier no fue un simple pasajero, sino un mentor en los eslabones del conocimiento y la sabiduría hablándole a los arquitectos del futuro.

4.2.1. El Modulor, el Hombre Vitruvio y la Estrella flamígera

En su manifiesto el *Modulor* (1953), Le Corbusier comienza el debate del capítulo 1 señalando la necesidad de consolidar una medida visual y en armonía para la expresión creadora, refiriéndose a una lengua única y un pensamiento central, a una construcción universal que estuviera en conexión con el ser humano a partir de la proporción y la búsqueda de la armonía en la plasticidad de la arquitectura. En virtud de esto, el arquitecto se refiere a la arquitectura propia de masones constructores, citando –los templos, las catedrales y los panteones–

y sensible del estudió de las proporciones en base a la anatomía humana, algo que Le Corbusier reinventa a partir del Modulor para la arquitectura moderna.

Leonardo, que da carácter al discurso críptico, representó un cambio en el modo de hacer y de abordar al arte desde la ciencia, la vinculación de la geometría, la naturaleza y el ser humano y sus conocimientos declarados hasta el momento. Esto forma parte de una cadena de invenciones al servicio del ser humano, en diferentes escalas en la arquitectura, en materia de arte y ciencia, dando paso a múltiples descubrimientos, como la implementación de la proporción áurea reconociendo una misma línea de investigación que tiene como eslabones a Pitágoras, Fibonacci, Leonardo Da Vinci, Le Corbusier, entre otros, que posibilitaron una revolución del entendimiento del ser humano de su realidad y el lenguaje del universo.

En la misma línea, sobre el número de oro o las proporciones cabe destacar que antes de Leonardo resaltaron Pitágoras, Fibonacci (1170-1250) con su sucesión, también Luca Pacioli (1445-1517) con su manifiesto *De divina proporcione* (1498), donde reflexiona sobre cómo la geometría exalta e irradia belleza en términos científicos. También se reconocen posteriores discursos que volverían a generar huella, llamando a la reivindicación de dichos estudios en el siglo XX, como sucede en el Neoplasticismo, dentro del cubismo, con imágenes expresivas y arte emocional.

Maestros de la modernidad como Le Corbusier y su movimiento purista, post cubista, dedican años de estudios al número de oro, de hecho, analizado en este libro está, un manifiesto dedicado a este número mágico, la proporción áurea, buscando un eterno aporte para la reivindicación del arte de las ciencias y su valor en materia universal y conocimiento humano y cultural.

En el *Modulor*, el arquitecto señala que tomó de Fibonacci la razón áurea que establece la unidad 108, y consolidó su doble, tomando como recreación la unidad 216. Entonces, dibujó a partir de un hombre de 1.75m, secciones sobre este cuerpo a 1.08 (razón áurea), 1.75 (altura del hombre) y, por último, 2.16 (altura del hombre con el brazo levantado), que más tarde extenderá a los maestros del Renacimiento.

Esto evidencia que el *Modulor* representa una reversión de la proporción áurea en relación con el ser humano, así como también lo hizo Leonardo Da Vinci con el Hombre Vitruvio. En el caso de Le Corbusier y su hombre, tres intervalos de secciones áureas de Fibonacci arman a su hombre, a la vez que la matemática ofrece variaciones del simple, lo doble y las dos secciones áureas. Más tarde, como ese manifiesto está conformado por ensayos, se revolucionan y evolucionan en conocimientos, y una construcción siguiente hace llegar al Hombre Modulor a los 2.26.

Esta clara línea del mismo pensamiento entre el Modulor, el Hombre Vitruvio y la Estrella Flamígera presente en la Masonería, se relacionan a partir de sus leyes universales, de la naturaleza y su vínculo con el ser humano. Esto se evidencia a partir de que la Estrella Flamígera es la representación del hombre con sus brazos abiertos (símil al Hombre Vitruvio) inscripto dentro de una estrella de cinco puntas (Figura 24 / 2024).

Dentro de la Masonería el número cinco presenta un gran valor simbólico, como se evidenció a lo largo de este libro. De hecho, en la entrevista que se realizó al presidente de la Gran Logia de la Masonería Argentina Pablo Lazaro, al referirse al simbolismo de los números, señaló que este número tiene una gran carga simbólica dentro del grado de maestro masón:

> El número 5 corresponde a uno de los grados, pero, sin embargo, también se lo ve desde la numerología desde muchos lugares… cinco puntos de la perfección, se hablan distintos grados de la Masonería, no solo en un grado particular, sino que recorre y siempre nos acompaña desde distintos lugares ¿Qué significa en general? Muchísimas interpretaciones, pero en general hace referencia al hombre, al hombre como especie ¿No? Como persona en general, pero luego de los cuatro elementos, el quinto, que es el hombre, siempre está representado en distintas figuras ¿No? Una de las interpretaciones que incluso toma simbología en el cristianismo, hablan de "*INRI*", no solo el Dios de los judíos, como se conoce normalmente a la cruz con la inscripción, sino que "*INRI*" son las cuatro…. son las iniciales de los primeros elementos, entonces en cada una de las letras

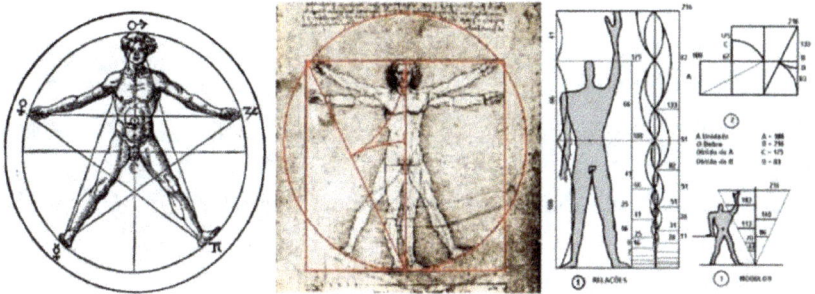

Figura 24. 2024 - Estrella Flamígera, Hombre Vitruvio y Hombre Modulor.

se corresponde con cada uno de los elementos, y el quinto elemento, en muchos símbolos aparece el número cinco relacionado con el humano, pero también, se habla de circo virtudes, es decir el número cinco nos acompaña. En resumen, la interpretación más popular, el más tomado, es que el número cinco se corresponde con la humanidad, el quinto elemento (Pablo Lázaro, comunicación personal, 04/07/2023).

La Estrella Flamígera aparece en la Masonería a partir de 1737 y para comprender los orígenes de esta estrella es necesario indagar sobre el pentagrama pitagórico, sobre el símbolo del hombre regenerado. Dentro de la Masonería la Estrella Flamígera está figurada entre la escuadra y el compás, simbolizando al hombre regenerado con sus extremidades extendidas en similar posición a la del Hombre Vitruvio de Leonardo, existiendo una relación entre el pentagrama o *pentalfa* y la estrella de cinco puntas que se construye de manera repetitiva en su interior (Figura 24/2024).

Está de más aclarar, que esta estrella representa a los pitagóricos de la antigüedad y que debía trazarse desde una sola línea, con sus rectas y semejantes conformando un pentágono central dentro de la cual se puede inscribe nuevamente una estrella de 5 puntas y posteriormente otro pentágono. La figura presenta una característica geométrica que hace que estas dos formas se repitan y retroalimentan una dentro de otra repetidamente, esto empíricamente la condición fractal de la Geometría Sagrada.

Al mismo tiempo, desde la visión de la alquimia, el número 5 refiere a la quinta esencia que se refiere al éter, algo que generalmente al mencionar los 4 elementos de la naturaleza no se tiene en cuenta. También existe una relación entre la letra G con la estrella flamígera, ya que se hace presente en los edificios y templos masónicos, simbolizando la búsqueda y construcción intelectual y de entrenamiento moral de los primeros tres grados masónicos de Aprendiz, Compañero y Maestro.

Ésta estrella, busca con el aprendizaje penetrar el misterio del origen de las cosas, a través del compañerismo, lleva a la búsqueda del secreto en la naturaleza del hombre y el Gran Geómetra, donde se revela con la maestría, los arcanos del destino futuro de los seres. Así se presenta y trabaja la Estrella en la filosofía e ideología masónica. Esto se relaciona con el Gran Arte de construir, a la vez que la presencia del número tres en esta estrella de cinco puntas se relaciona a partir de la ubicación de la letra en el alfabeto hebreo, donde está en tercera posición con su valor número tres.

El simbolismo del número cinco, si bien muchos números están representados dentro de la filosofía y simbología masónica, para los masones operativos, simboliza la ubicación de la construcción de edificios en base a métodos, este punto es de suma relevancia y Guénon René lo explica de forma descriptiva:

> En la masonería operativa, la ubicación de un edificio se determinaba, antes de iniciarse la construcción, por el llamado 'método de los cinco puntos', consistente en fijar primero los cuatro ángulos donde debían colocarse las cuatro primeras piedras, y después el centro, es decir ya que la base era normalmente cuadrada o rectangular, el punto de intersección de sus diagonales; las estacas que señalaban esos cinco puntos se llamaban landmarks, y sin duda éste es el sentido primero y originario de ese término masónico (1962, p. 286).

El mismo autor también sugiere que el vértice de las cuatro escuadras y el centro de la cruz construyen cuatro ángulos y el centro del cuadrado, que corresponden a los "cinco puntos por los cuales se determina tradicionalmente la ubicación de un edificio" (1962, p. 290). Aquí es posible identificar una coincidencia discursiva entre el simbolismo de la estrella de cinco puntas y los cinco puntos para la arquitectura que postula Le Corbusier y que están explícitamente demostrados en la Casa del Dr. Curutchet.

Le Corbusier postula sus cinco puntos, que son la planta libre, la fachada libre, los pilotis, la ventana longitudinal y la terraza jardín. Todos estos puntos están explícitamente volcados en la Casa del Dr. Curutchet y, en lo respecta a su ubicación, como se evidenció en el capítulo anterior y toda la información que se brindó sobre la investigación ya se considera empíricamente la identificación de símbolos en su interior y exterior, y no cualquier simbolismo, sino que simbolismos y significados masónicos ni mucho menos.

El procedimiento señalado por Guénon René (1962) ("fijar primero los cuatro ángulos donde debían colocarse las cuatro primeras piedras, y después el centro, es decir ya que la base era normalmente cuadrada o rectangular, el punto de intersección de sus diagonales", p. 286) que fue utilizado en el Análisis N°1-Símbolos Masónicos Casa Curutchet (Figura 22/2024) del capítulo anterior para analizar los planos de la casa, permitió identificar un rectángulo y reconocer diagonales que, al seguir buscando y trazando, demostraron tener inscriptos símbolos masónicos.

Oportunamente como ya se mencionó en este libro, preexiste en la casa una instalación metálica en el ingreso de la casa (lado izquierdo) donde se lo ve a Le Corbusier en una estrella de 5 puntas, podría haber sido cualquier cosa forma o representación, pero la virtud del secretismo quiso que sea en una estrella de 5 puntas (Figura 2/2024). Es decir, en el ingreso de la Casa del Dr. Curutchet, se encuentra una estrella de cinco puntas que da la bienvenida y rinde homenaje al arquitecto en cuestión. El Modulor, el Hombre Vitruvio y la Estrella Flamígera se presentan en la casa, en su construcción, en sus accesorios, en sus simbolismos y significados, en su discurso poético arquitectónico y en su espacio indecible.

Asimismo, el análisis realizado a partir de la superposición de planos sobre las plantas arquitectónicas de la Casa del Dr. Curutchet, permitió observar su relación con la proporción áurea. Esta búsqueda constituyó un gran hallazgo, exponiendo una gran coincidencia entre los planos de la casa y las diferentes series Fibonacci, tal como se ilustra en el análisis en varias plantas de las decisiones arquitectónicas que coinciden con series fractales. Si bien cada planta puede variar la relación arquitectónica, claramente demuestra la aplicación de la proporción en la decisión proyectual de la casa.

En virtud de concluir con la segunda síntesis, Le Corbusier entendía y conocía profundamente las virtudes de la aplicación de la Geometría Sagrada sobre la arquitectura y el arte. La casa lo demuestra en su experiencia vivencial y en su calidad de obra maestra en sí, lo expresa la majestuosidad de ese árbol allí, que es un fiel testimonio de las fortalezas energéticas que proporciona el dominio y la construcción con Geometría Sagrada. En las decisiones manifestadas se encuentra el gran arte de construir, y el Hombre Modulor se suma a los eslabones de la ciencia y el arte donde se inscriben el Hombre de la Estrella Flamígera y el Hombre Vitruvio.

La Casa del Dr. Curutchet simboliza la relación intrínseca entre el hombre, el templo y la casa. Con la sumatoria del Hombre Modulor, demostró ser el eslabón de un legado abierto dentro de la Geometría Sagrada y la construcción en pos de las proporciones humanas. Esto reivindica un modo de proyectar y de hacer arquitectura que no sólo tiene presente al hombre en su función o centro, sino que lo considera el virtuosismo y la fuerza que nace desde su simbolismo y desde su relación con la naturaleza y el universo a través de la Geometría Sagrada. Herramienta elemental para la construcción de arquitectura digna y sanamente vivible.

•

• •

4.3. El legado masónico para el campo del diseño: la Geometría Sagrada

Para el diseño arquitectónico, el número de oro construye y representa el descubrimiento de la proporción áurea. Geometría Sagrada se reconoce como una disciplina intrínseca en base al estudio de las proporciones y en los patrones de los fenómenos naturales, que se manifiesta en el Gran Arte de construir y también en la mayoría de las obras humanas armoniosas. Esta disciplina que se presenta en múltiples ámbitos, a su vez influye en los seres humanos a partir de su relación con la armonía del cosmos, influenciando el mundo físico y los modos de vivir. Sobre este punto histórico, Pitágoras (570 a.C. - 490 a.C.) cumple un rol importante en la unión del arte y la ciencia, ya que la armonía genera belleza y se hace de la Geometría Sagrada -con base en la matemática-, y por medio de ella se expresa en el arte y la arquitectura. Para los pitagóricos, las matemáticas servían para explicar el mundo y eran un instrumento para comprenderlo, un camino para hallar la perfección.

Dentro de los recursos cabalísticos, el término *Guematria* expresa la relación entre lo visible y lo no visible, entre lo conocido y desconocido, es un lenguaje que nace de la sumatoria de letras en base a su valor numérico. El término tiene una vinculación fonética con la palabra geometría, esto se debe a que todo conocimiento de la *Guematria*, procede de un sentido profundo e iniciático de la matemática y geometría como lenguaje universal en el arte sagrado. Es por eso que, dentro de la Masonería la Geometría es una de las más elevadas artes liberales y el trabajo del constructor, que es el masón, es en base a la Geometría.

La Geometría como tal representa el lenguaje del universo, manifestado en formas, número y proporciones dentro de la naturaleza, de los seres vivos y el espacio, dentro de todo lo que ser humano percibe en la realidad, donde el Gran Arquitecto Del Universo se transforma en el geómetra entre lo profano y lo divino.

Le Corbusier tenía muy presente la importancia de los descubrimientos matemáticos y la trascendencia de la geometría en la obra del ser humano. En su libro el *Modulor*, menciona el fenómeno de la composición sonora a partir de las matemáticas. Allí señala que la continuidad sonora pertenece a un orden humanamente organizado sobre intervalos artificiales y que fue Pitágoras quien logró que éste se materialice y que el ser humano pueda tomar esto como herramienta compositiva.

Esta resolución del fenómeno sonoro que Le Corbusier admira de Pitágoras, donde señala la unión de la audibilidad humana y las matemáticas, termina siendo una consideración en el ejercicio proyectual de la arquitectura. En su escrito, el arquitecto resalta que este aporte de Pitágoras llevó a la creación de una "escritura musical capaz de contener composiciones sonoras y transmitirlas a través del tiempo y del espacio: los métodos dóricos y jónicos, génesis más tarde de la música gregoriana" (1953, p. 16). Para Le Corbusier, la música es tiempo y espacio, como lo es la arquitectura. Su búsqueda parte de preguntarse por una regla ordenada y capaz de enlazar todo y de eso se trata la naturaleza y su geometría.

Este procedimiento compositivo se evidenció en la Casa del Dr. Curutchet a partir del análisis sobre la planta baja de la casa, realizado en el capítulo previo (Análisis N° 1 - Símbolos Masónicos Casa Curutchet (Figura 21/2024-A). Esto demostró que existe una repetición intencional entre los ejes de las columnas que prueba de forma empírica la aplicación, dentro del proceso proyectual compositivo de la arquitectura, de una estructura musical matemática.

Este análisis se construyó a partir de la identificación de ejes verticales estructurales sobre la planta baja de la Casa Curutchet, donde el primer paso fue reconocer los ejes verticales, de fondo a frente de la casa, reconociendo los ejes 1, 2, 3, 4 y 5, tal como se ilustra en el Análisis N° 1 - Símbolos Masónicos Casa Curutchet (Figura 21 / 2024-A). Luego de este paso, para el Análisis N° 4 – Geometría Sagrada Casa Curutchet (Figura 25 / 2024-A), con el compás, se tomó la medida de la distancia entre el eje 1 y el eje 2 (en la imagen se identifica con una línea naranja), que fue el radio para reconocer una secuencia proporcional entre los ejes estructurales verticales y horizontales de la casa.

Una vez tomada esta medida, se prosiguió a trazar la primera circunferencia, teniendo como posición del punzón del compás, el eje vertical 1 y el eje central horizontal, repitiendo el mismo procedimiento sobre el eje 2, trazo que demostró la equidad proporcional entre el eje 1 y el eje 3, entre ellos y respecto del eje 2. Luego, conservando la misma medida de radio, se colocó el compás en el eje vertical número 3, pero este radio no llegó a la ubicación exacta del próximo eje, es decir el eje 4, porque este no se encuentra en la misma composición rítmica en la que se encuentran el eje vertical 1, 2 y 3 (Figura 25 / 2024-A).

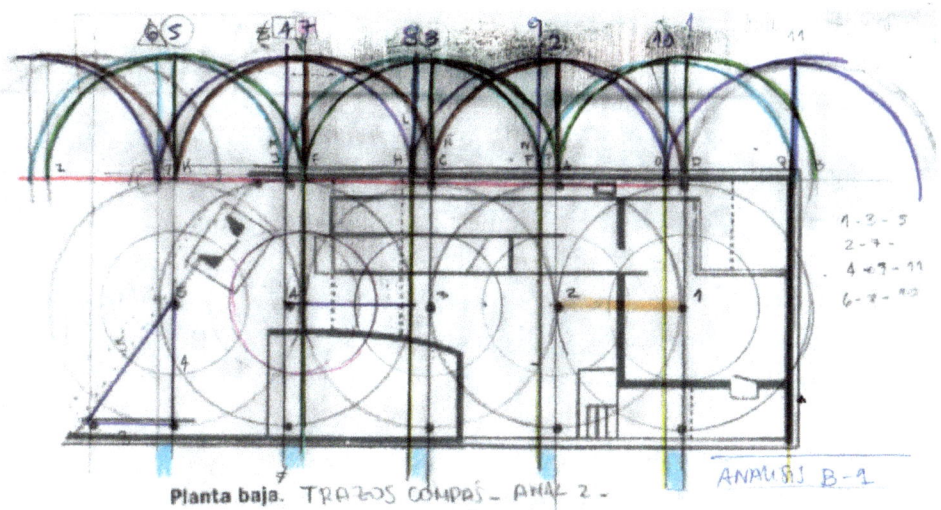

Figura 25. 2024 - Análisis N°4 – Geometría Sagrada Casa Curutchet - Construcción Propia Serena Dradi.

Esta repetición develó otro trazado regulador de la casa, ordenado por una repetición compositiva paralela a la ya identificada en los pasos realizados hasta el momento. Conservando siempre la misma medida en el compás, donde como radio de la circunferencia, que referencia a la distancia entre el eje vertical 1 y 2, que se ilustra en análisis a través de una línea naranja, se avanza trazando la cuarta circunferencia sobre el eje vertical número 4. Este trazo develó que la ubicación de este eje estructural, que marca el ritmo compositivo, no es proporcional al eje número 3, ni al eje número 5, lo que significa que esta circunferencia no alcanza a desarrollarse entre el eje vertical número 3 y 5, lo que representa dos veces el radio, es decir, el diámetro de la circunferencia (Figura 25 / 2024-A).

Respecto al eje 4, es el único que no coincide en el ritmo dentro del eje central de la casa donde se encuentran cinco columnas. Sobre este eje se posicionó el compás, siempre con la misma medida de radio, la distancia entre el eje vertical 1 y 2, y al trazar la circunferencia se observó el desfasaje mencionado. Ese eje tomó el nombre del número 6 en la parte superior del análisis realizado, señalado como Análisis N°4 - Geometría Sagrada Casa del Dr. Curutchet, (Figura 25/2024-A), donde se puede identificar la circunferencia en color cian.

A partir del eje 6 se repitió el procedimiento geométrico hasta ahora explicado, por ende, esta circunferencia que tiene como centro al eje 6, posee un radio que coincide obviamente con el eje 4, anteriormente mencionado, el eje desfasado. Volviendo al eje 4, esta circunferencia que parte de este eje, se desarrolla entre el eje 6 y el nuevo eje 7, siguiendo el mismo procedimiento geométrico, se reconocen los ejes 7, 8, 9 10 y 11. Este último eje, el eje 11, que comenzó su ritmo repetitivo desde el eje 6 ubicado en la fachada de la casa, hasta el eje 11 que coincide, perfectamente con la medianera del fondo de la casa (Figura 25 / 2024-A).

Esto demuestra que fue justificada la intuición de preguntarse por qué el eje 4 no coincide con los demás ejes. Y la búsqueda develó un ritmo proporcional compositivo que es real, ya que al regresar desde la posición que brindó el eje 4 y dio nacimiento al eje 6, éste llegó a reproducirse cinco veces más perfectamente, hasta llegar el eje 11 donde termina de delimitar la casa. Es importante aclarar que la numeración de estos ejes es un procedimiento elaborado por la autora de esta investigación: la decisión de comenzar a contar de atrás hacia adelante fue un acto intuitivo e impulsivo a la hora de comenzar a desfragmentar y geometrizar la planta arquitectónica de la Casa del Dr. Curutchet.

En virtud de todo lo dicho, este procedimiento identificó once ejes sobre la casa, con cuatro propuestas o patrones ritmos compositivos, tal como se identifica en el análisis: los ejes 6, 8 y 10 identificados en color cian son un ritmo; los ejes 5, 3 y 1, se identifican el color verde, segundo ritmo. Luego los ejes 4, 9 y 11 en color violeta y por último el cuarto ritmo de repetición, representados por los ejes 7 y 2, en color marrón. Cuatro propuestas de repetición, encontrados a partir del cuestionamiento de por qué el eje 4 no coincide con los demás ejes. Cuatro propuestas proporcionales a partir de la columna que traza el eje número 4 (Figura 25/2024-A).

El interrogante que surge en esta instancia es si este descubrimiento es de vinculación masónica. Si bien este análisis no nace de referencias proyectuales realizadas sobre la casa de mano del propio arquitecto, no se descarta que los juegos geométricos que se identificaron en la casa tengan este trazo oculto regulador de un ritmo estructural profundamente pensado o inconscientemente creado por la naturaleza de la Geometría Sagrada.

En un breve repaso, las relaciones numéricas plantadas en base al análisis realizado en pos de esta investigación, son los ejes 1, 3 y 5; 2 y 7; 4, 9 y 11; por último, 6, 8 y 10. Sobre estos números se realizó una vinculación matemática con el fin de obtener algún indicio simbólico en los números propuestos, por lo que se procedió a sumar la modulación rítmica encontrada, es decir, se sumaron los números de los ejes que componen las cuatro modulaciones. En el primer caso, la resonancia ilustrada en color verde, construida por los números 1, 3 y 5, suman 9; la resonancia marrón compuesta por 2 y 7, suma 9; la resonancia identificada en color violeta, compuesta por los ejes 4, 9 y 11, suman 24; y, por último, la resonancia cian, compuesta por los ejes 6, 8 y 10, suman 24. Por ende, 9 + 9 + 24 + 24, da un total de 66 (Figura 25 / 2024-A).

Si a este número, 66, se lo divide por la cantidad de resonancias identificadas, es decir 4, el número final es 16.5. Esto llevó a la siguiente reflexión: 16 es igual a 4x4, nuevamente el 4 domina la escena, nuevamente una construcción matemática intuitiva de búsqueda simbólica, lleva al número 4. En virtud de profundizar sobre este aspecto, se buscó el simbolismo de este número dentro de la Masonería y esta decisión llevó a un descubrimiento más sobre la planta.

Lavagnini Aldo (2017) señala, que además de que el número 4 tiene el simbolismo de representa los cuatro elementos de la naturaleza (Tierra, Agua, Aire y Fuego), se identifica dentro del alfabeto a partir de la filosofía masónica del conocimiento de los tres primeros números, que "debe ser integrado y completado por el de las cinco primeras letras, que son las que especialmente se refieren al grado de Aprendiz" (2017, p. 72). Éstas son cinco letras A, B, C, D y E, la relación en este caso se da con la letra D, de la cual Lavagnini (2017) sugiere:

> La letra D está representada por un triángulo en los alfabetos del cual derivó su forma latina. Este triángulo es el mismo delta, y con ese nombre se la conoce en el alfabeto griego. Si bien difiere la forma (parecida a la

precedente letra del alfabeto griego), su nombre en el alfabeto hebraico es el mismo de *daleth*, significando 'puerta', con el valor numérico cuatro. Muestra efectivamente uno de los lados o columnas que sostienen el arquitrabe y forman con el mismo la puerta. Representa el ingreso parcial o imperfecto del Aprendiz en la Verdad, habiendo reconocido únicamente uno de sus dos lados o aspectos. (2017, p. 74)

El autor advierte que la letra D simboliza la puerta y como valor numérico, el número 4. En el análisis propuesto sobre el eje 4, frente a ella se observa el acceso a la puerta principal y este pórtico se encuentra próximo al eje 5, sobre la línea municipal de la casa. La columna ubicada sobre el eje 4, que da comienzo a la rampa para ingresar a la casa y comentar su recorrido, se ubica perfectamente frente a la puerta. Ésta está compuesta por un pórtico que propone un pequeño cubierto, que, si se observa en el plano de la planta baja, se identifican los dos laterales de este pórtico en forma triangular de cada lado de la puerta. Nuevamente otro simbolismo masónico se manifiesta: esta puerta que devela el eje 4 en el Análisis N° 4 – Geometría Sagrada Casa del Dr. Curutchet, entre columnas, si se lee genéricamente sobre la planta arquitectónica, está indicando la separación entre lo profano y lo sagrado (Figura 25 / 2024-A).

Las observaciones realizadas, surgidas de una búsqueda intuitiva de indicios, representan el procedimiento y deber ser de la Geometría Sagrada: ser oculta y explícita a la vez. Las relaciones matemáticas se manifestaron como en la naturaleza que habitan: el trazo, las uniones y el juego de las proporciones, donde la Geometría Sagrada se revela y expone. Como arquitecto, Le Corbusier, defendió la proporción, la emoción, las leyes del universo y la naturaleza.

Pablo Lázaro, actual presidente de la Gran Logia de la Masonería Argentina, en su entrevista para la investigación, señaló la relación entre la Geometría Sagrada y la Masonería:

> La Geometría Sagrada, en general, de hecho es una de las interpretaciones de la letra 'G', que está en la escuadra y compás, para algunos de los ingleses la 'G' de *God*, de Dios… para algunas interpretaciones se lo lleva

precedente letra del alfabeto griego), su nombre en el alfabeto hebraico es el mismo de *daleth*, significando 'puerta', con el valor numérico cuatro. Muestra efectivamente uno de los lados o columnas que sostienen el arquitrabe y forman con el mismo la puerta. Representa el ingreso parcial o imperfecto del Aprendiz en la Verdad, habiendo reconocido únicamente uno de sus dos lados o aspectos. (2017, p. 74)

El autor advierte que la letra D simboliza la puerta y como valor numérico, el número 4. En el análisis propuesto sobre el eje 4, frente a ella se observa el acceso a la puerta principal y este pórtico se encuentra próximo al eje 5, sobre la línea municipal de la casa. La columna ubicada sobre el eje 4, que da comienzo a la rampa para ingresar a la casa y comentar su recorrido, se ubica perfectamente frente a la puerta. Ésta está compuesta por un pórtico que propone un pequeño cubierto, que, si se observa en el plano de la planta baja, se identifican los dos laterales de este pórtico en forma triangular de cada lado de la puerta. Nuevamente otro simbolismo masónico se manifiesta: esta puerta que devela el eje 4 en el Análisis N° 4 – Geometría Sagrada Casa del Dr. Curutchet, entre columnas, si se lee genéricamente sobre la planta arquitectónica, está indicando la separación entre lo profano y lo sagrado (Figura 25 / 2024-A).

Las observaciones realizadas, surgidas de una búsqueda intuitiva de indicios, representan el procedimiento y deber ser de la Geometría Sagrada: ser oculta y explícita a la vez. Las relaciones matemáticas se manifestaron como en la naturaleza que habitan: el trazo, las uniones y el juego de las proporciones, donde la Geometría Sagrada se revela y expone. Como arquitecto, Le Corbusier, defendió la proporción, la emoción, las leyes del universo y la naturaleza.

Pablo Lázaro, actual presidente de la Gran Logia de la Masonería Argentina, en su entrevista para la investigación, señaló la relación entre la Geometría Sagrada y la Masonería:

La Geometría Sagrada, en general, de hecho es una de las interpretaciones de la letra 'G', que está en la escuadra y compás, para algunos de los ingleses la 'G' de *God*, de Dios... para algunas interpretaciones se lo lleva

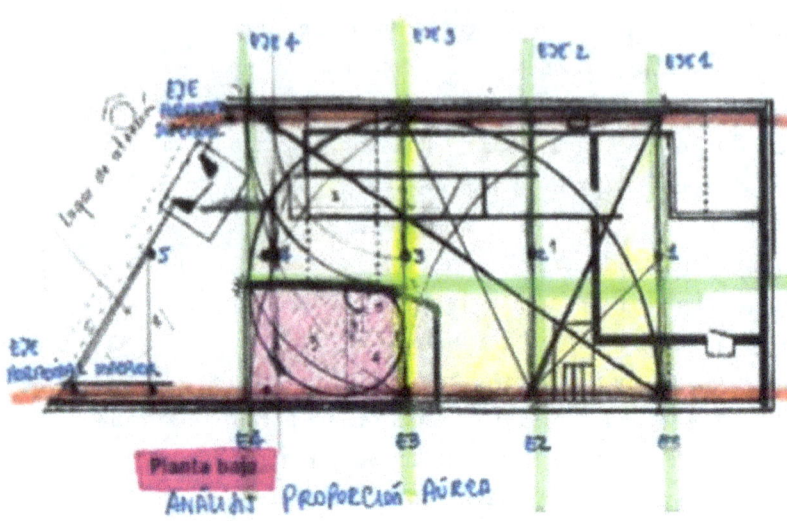

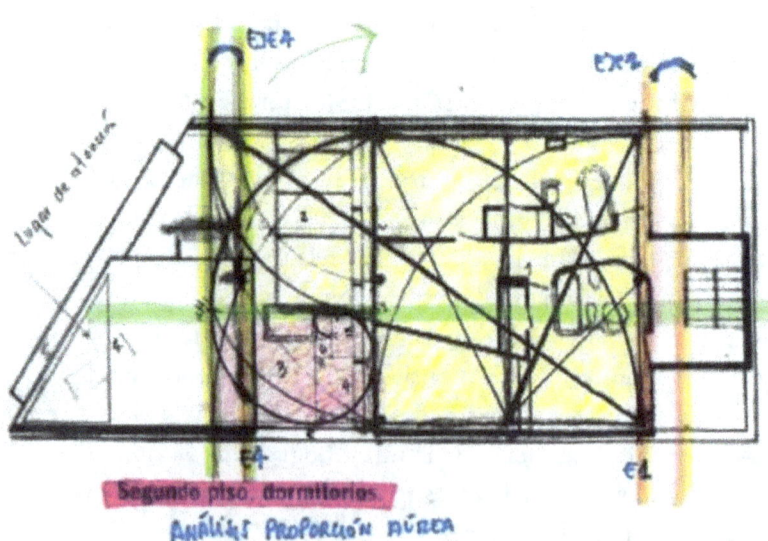

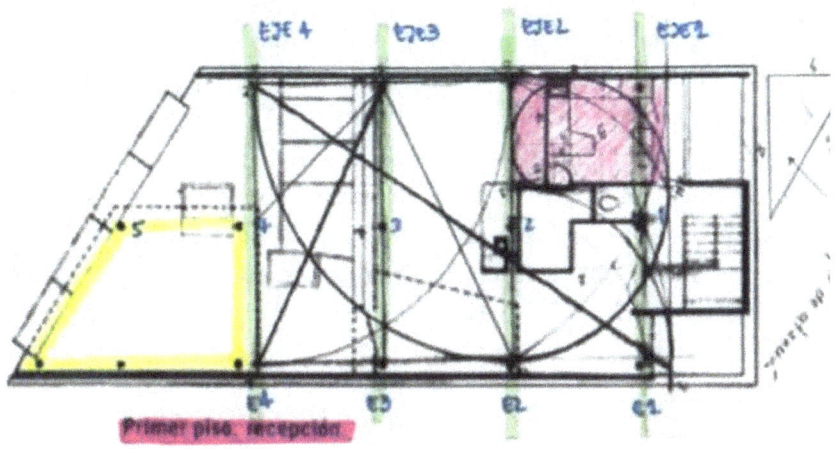

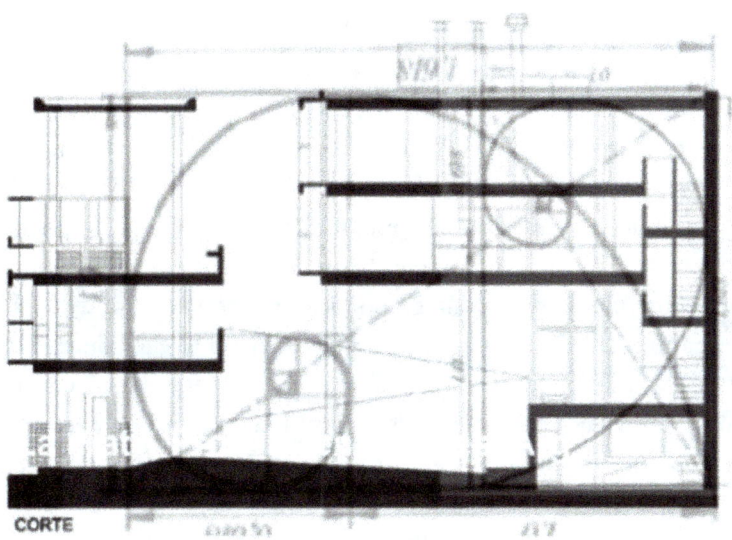

Figura 26. 2024 - Análisis N° 5 – Proporción Áurea Casa del Dr. Curutchet- Construcción Propia Serena Dradi.

de la transgresión y la importancia de la ciencia en beneficio del ser humano. Como indica Le Corbusier en el *Modulor 1*: "la naturaleza es matemática; las obras de arte están consolidadas por ellas y expresen y utilizan las leyes naturales (...). El artista es un médium infinito y extraordinariamente sensible, siente, discernir la naturaleza y la traduce en sus creaciones" (1953, p. 27-28).

La Casa del Dr. Curutchet es la prueba empírica de cómo se puede expresar la naturaleza en matemática dotar de virtuosismo una construcción en una obra de arte, donde la expresión geométrica y plástica transmiten emociones en virtud del sentido de la forma que el arquitecto le quiso dar.

4.3.1. Masonería indecible en *Le Poeme de L'Angle droit*

Dentro de su manifiesto, el *Modulor* (1953), Le Corbusier declara que: "pinturas y arquitecturas tiene en cuenta la sección áurea, el lugar del ángulo recto, la altura 2.26 (un hombre con el brazo levantado)" (1953, p. 34). Esto evidencia la relevancia que le atribuía a las proporciones aprehendidas de la naturaleza y el universo aplicadas sobre el arte, la arquitectura y su vínculo empírico con el ser humano. En *Le Poème de l'Angle Droit* de 1955, del cual sólo unos 250 ejemplares fueron publicados en francés, presenta dibujos y redacta un poema al ángulo recto. Este manifiesto, representa un legado del arquitecto suizo francés que intenta ser la síntesis poética de su trabajo donde persigue una unanimidad disciplinaria. Este poema invita a reflexionar sobre el hacer de su arte y arquitectura y la poesía de su filosofía. A continuación, se reflexiona sobre el carácter masónico presente en este escrito, mencionando los símbolos y significados que se presentan en el manifiesto y que constituyen hallazgos de esta investigación.

Le Poème de l'angle droit (1955) se presenta como un libro repleto de dibujos y poemas. El manifiesto presenta seis apartados: medio, espíritu, carne, fusión, caracteres y ofrenda (Mano Abierta). Antes de comenzar con cada apartado, en el comienzo de este libro se presenta un dibujo realizado por Le Corbusier. En la imagen de la página 8 (Figura 27 / 1955) se puede apreciar –de arriba hacia abajo–, una espada dorada, una nube azul, un asterisco que parece representar una estrella de siete puntas, y a modo de síntesis, una especie de rayuela. Le Corbusier ordena los seis apartados mencionados a partir de letras, en francés: A - *Milieu*, B - *Esprit*, C - *Chair*, D - *Fusion*, E - *Caractere*, F - *Offre* y, por último, G - *Outil* (1955, p. 8).

A su vez, estas letras ordenadas de forma vertical están acompañadas de una especie de rayuela, como se mencionó. Esta rayuela, centrada, está construida por casilleros de colores, recorriendo desde la A hasta la letra G. A la letra A le corresponden cinco casilleros verdes, a B tres celestes, a C cinco marrones, a D un rojo, a E tres blancos, a F un amarillo y a G un azul (Figura 27/1955).

Estos números se encuentran expresados en el mismo orden en la página 154, donde de forma vertical aparecen los números, 5-3-5-1-3-1-1, y arriba la frase *"(Table) iconostasis"* (1955, p. 154) sobre un cuadrado marrón con tres recortes azules en la parte superior, que parecen ser puertas. Ésta es una imagen muy parecida a lo que se puede apreciar al fondo de la famosa pintura de Leonardo Da Vinci, *La Última Cena*, donde detrás de las personas se identifican tres cerramientos (Figura 28/1955).

Nuevamente la letra G se hace presente, en este caso sumándose como un eslabón final, ya que la palabra que la acompaña G - *Outil*, (1955, p. 8), significa herramienta, que simboliza una gran unión entre la letra G y la Estrella Flamígera que se analizó previamente (Figura 24/2024). Esta letra representa a *God*, el Dios, Gran Geómetra y Arquitecto del Universo, y Le Corbusier lo simboliza con las herramientas.

En la página 154 se encuentra una clave fundamental para entender lo antedicho: la frase *"(Table) iconostasis"* (1955, p. 154), referida a iconostasio que la Real Academia Española define como "mampara con imágenes sagradas pintadas, que lleva tres puertas, una mayor en el centro y otra más pequeña a cada lado, y aísla el presbiterio y su altar del resto de la iglesia" (2024). Esta tabla presenta tres puertas que se abren o cierran en determinados momentos de la liturgia: representa una puerta santa, y su contacto reviste un carácter iniciático.

Le Corbusier acompaña estas palabras con una representación que, como se señaló anteriormente, se asimila al sitio donde Leonardo Da Vinci representa la última cena de Jesús con sus doce apóstoles. Le

Corbusier algo quiso comunicar en estas páginas que encierran los seis apartados que constituyen el manifiesto: es un poema espiritual y de gran transmisión de conocimientos esotéricos y de carácter personal (Figura 28/1955).

Puede que esta expresión artística de mano del arquitecto quiera señalar indicios que lleven a recordar obras como la de Leonardo, lo cual no sería poco probable, ya que quedó demostrada la admiración del arquitecto por el maestro del Renacimiento. Al mismo tiempo, es probable que refleje su admiración por su lenguaje críptico y en código, ya que Le Corbusier utiliza estos recursos en sus obras, tal como se ha demostrado, y puede que esta misión haya sido en pos de democratizar conocimientos.

En el apartado A1 - *Milieu*, medio, en la página 14, el arquitecto dibuja el rectángulo áureo, a este lo relaciona con el recorrido del sol, las veinticuatro horas del día, con el trabajo del hombre. En los dibujos que acompañan este poema, ilustra el recorrido del sol y la luna en relación con el planeta Tierra: escribe el número 30 = 1 y dibuja un triángulo, luego escribe al lado el sol, 356 = 1 y un círculo (1955, p. 15). El simbolismo presente en este dibujo, además del matrimonio alquímico (triángulo, cuadrado y círculo, ya profundizados en la presente investigación), yace en la regla de 24 pulgadas, una herramienta de trabajo del aprendiz (Figura 29/1955).

Sobre esta regla, en la Masonería se encuentra el símbolo de la Regla de 24, representa las 24 horas del día, donde el masón especulativo utiliza este símbolo para su filosofía de vida, disponiendo de 8 horas de trabajo profano, 8 horas de trabajo espiritual intelectual y 8 horas de descanso. En los dibujos de la página 15 es posible identificar un infinito que bien podría asociarse al 8 que construye la regla de 24 (Figura 29/1955).

En la página 17 (Figura 30 / 1955), Le Corbusier dibuja dos mitades de circunferencias continuas y en cada extremo dibuja un sol amarillo. Este primer poema, medio, habla del señor sol, de una puntual máquina de la naturaleza y las 24 horas del día (Figura 45/1955). Este dibujo se ilustra de forma icónica en la fachada del predio donde se encuentra la Logia Masónica *L'Amitié* de la que el padre de Le Corbusier fue presidente y el

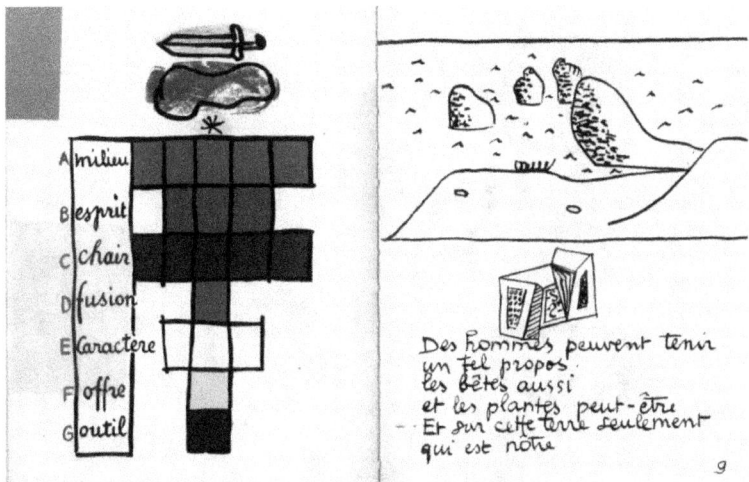

Figura 27. 1955 - *Le Poème de l'angle droit* (1955) - Le Corbusier / Página 8.

Figura 28. 1955 - *Le Poème de l'angle droit* (1955) - Le Corbusier / Página 154.

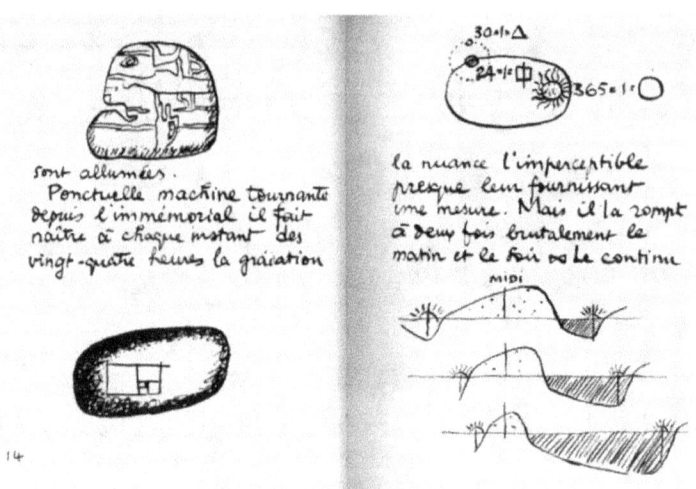

Figura 29. 1955 - *Le Poème de l'angle droit* (1955) - Le Corbusier / Páginas 14 y 15.

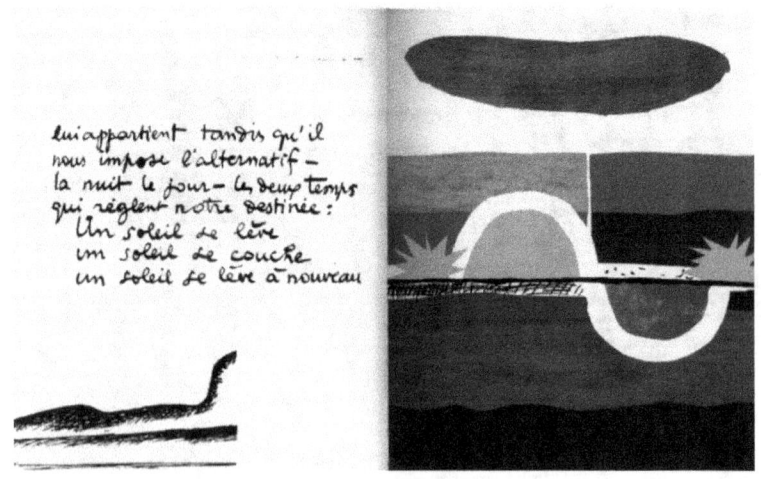

Figura 30. 1955 - *Le Poème de l'angle droit* (1955) - Le Corbusier / Página 17.

Figura 31. 1955 - *Le Poème de l'angle droit* (1955) - Le Corbusier / Página 55.

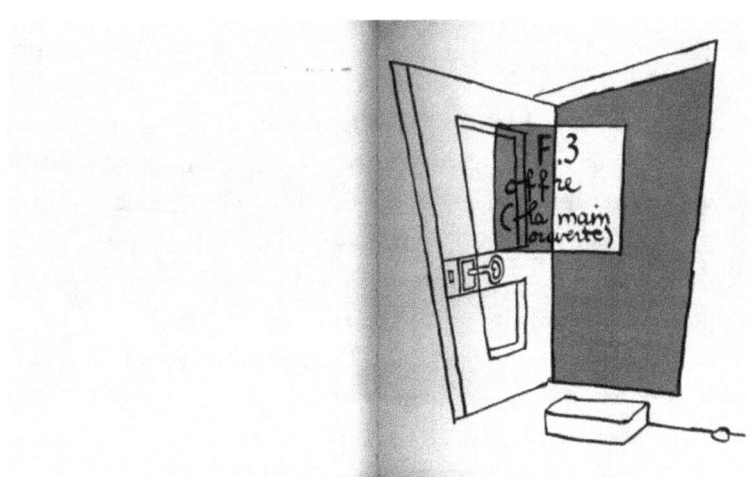

Figura 32. 1955 - *Le Poème de l'angle droit* (1955) - Le Corbusier / Página 141.

Musée international d'horlogerie en la Rue de la Loge 8, en la Chaux de Fonds, Suiza.

En la página 55 (Figura 31/1955) de *Le Poème de l'angle droit* (1955), se ilustra el Modulor, acompañado de su escala gráfica y un caracol que representa al número de oro de la proporción áurea (1955, p. 55). Nuevamente se hace mención del hombre y su espíritu: este apartado B.2 *Esprit*, habla de "una herramienta ágil capaz de hacer crecer la cosecha de la invención librando el camino de espinas y haciendo la limpieza dará libertad a vuestra libertad" (1955, p. 165).

Así se refiere a la proporción basada en la naturaleza, aprendida de ella, que expresa su valor a partir del cuerpo humano elegido como apoyo admisible de los números, mediante lo que el arquitecto busca el orden de las relaciones con lo circundante. Aquí se evidencia claramente la vinculación masónica con su origen pitagórico, la estrella flamígera, y sus mensajes simbólicos en el discurso, donde se expresa al Gran Arquitecto del Universo declarando sus herramientas (Figura 31/1955).

En el último apartado, perteneciente a la letra F - *Offre*, ofrenda (Mano Abierta), se ilustra en su portada, en la página 141 (Figura 32 / 1955), una puerta abierta con una llave en su cerradura. En este apartado, Le Corbusier habla de las herramientas en mano y la mano abierta dispuesta a recibir conocimiento: "a manos llenas he recibido, a manos llenas doy" (1955, p. 173). De esta forma el arquitecto poetiza el gran trabajo que ha ejercido para con las disciplinas proyectuales: el arte, la arquitectura y la ciencia (Figura 32 / 1955). El análisis sobre la obra *La Mano Abierta* se profundiza al final de este capítulo.

Es importante resaltar que esto tiene una gran vinculación con la Masonería: anteriormente se hizo referencia a una puerta santa. En el apartado F - ofrenda (mano abierta), se encuentra ilustrado una puerta. Se explicita una referencia vinculada con el lema filosófico de la Masonería: la oración "pedid y se os dará (la luz), buscad y encontraréis (la verdad), llamad y se os abrirá (las puertas del Templo)".

En virtud de las raíces masónicas del arquitecto que estos estudios, ha demostrado que puede afirmarse que este lema bien podría ser el mensaje oculto que encierra este gran poema al ángulo recto, un trabajo filantrópico de un masón encubierto, silencioso, secreto: claro, a la vez que discreto. Al fin y al cabo, la ilustración representa una puerta abierta con una llave que, a lo largo del poema, se devela para poder abrir la puerta al conocimiento que las herramientas masónicas son capaces de brindar a las disciplinas proyectuales.

Finalizando el escrito, Le Corbusier agrega con la letra G el apartado herramienta, donde explícitamente declara el ángulo recto como guía, herramienta fundamental y fundacional. El arquitecto que geometriza, con sus herramientas masónicas, construyendo obras con un simbolismo y riqueza heredada de los antiguos sabios que se encargaron de aprehender de la naturaleza y sus descubrimientos sobre el universo.

Como declara Le Corbusier: "los sabios discutirán de la relatividad de su rigor, pero la consciencia ha hecho de él un signo" (1955, p. 174). Esta declaración si bien podría estar dirigida a los estudiantes de arquitectura, a los cuales dejó numerosos postulados, repletos de mensajes ocultos donde hace foco sobre el dominio de la materia y sus propiedades, que pretendió que se aprendieran. Más bien se refiere a una lucha oculta, invisible y visible a la vez, que ofrece este libro a partir de una lectura simbólica sobre el discurso de Le Corbusier disruptiva y nueva para el campo de la arquitectura, hasta ahora desconocida sobre el arquitecto.

A modo de síntesis, dentro de la Masonería el ángulo recto se identifica con el simbolismo de la escuadra. Simbólicamente, el ángulo recto en conjunto con la escuadra son herramientas para una profunda reflexión sobre cómo enfrentarse y resolverse en armonía y una invitación a la rectificación de los actos humanos en pos del bien común.

La tercera síntesis de este último capítulo planteó la lucha del arquitecto por reivindicar saberes como la proporción áurea la cual se encuentra en su ángulo recto, con el fin de unificar conocimientos y volver a darles luz desde la invención, como es el caso de los cinco puntos para la arquitectura y la creación el Modulor.

Todas las herramientas masónicas que se identificaron en esta investigación dentro del discurso y la producción del arquitecto persiguen el fin de señalar sus grandes aportes y hallazgos para las disciplinas proyectuales, este libro busca acercar estas herramientas ricas en Geometría Sagrada y en resonancia con el ser humano. Estas herramientas tienen la capacidad de dotar de potencial el producto final, la obra, ya que presenta estos conocimientos que trabajan en relación con la sensibilidad y la emoción del ser humano. Con las herramientas que brinda la geometría sagrada, Le Corbusier buscó la emoción plástica: conmover mediante el arte de construir.

• •
• •

4.4. Arquitectura emocional

Según Le Corbusier la arquitectura tiene el deber de ser emocional y afectar intensamente el sentido del ser consciente y dominar la materia para crear un espacio armónico. Es por eso que, en su discurso (*Hacia una Arquitectura*, 1923), así como también en el arte en general, afirma que se deben aplicar las Leyes del Universo y la Naturaleza. Las mismas son trabajadas como herramientas mediante las cuales el arquitecto ejecuta un ordenamiento de formas que trabajan intencionalmente sobre la sensibilidad del ser que la habita y transita, provocando emociones plásticas capaces de generar resonancias que derivan en reacciones dentro del espíritu y el corazón, percibiendo así la armonía fuerza natural de la belleza. Esta intencionalidad en el diseño, para el profesional contemporáneo debe ser parte de sus preguntas y reflexiones más profundas sobre su oficio y obra, porque diseñar dispositivos habitables es una ciencia oculta en el arte del habitar y el construir. Ser conscientes de que el dominio de la materia arquitectónica no es solo la modelación de una masa o el cumplimiento de una encomienda sino se trata del diseño de un dispositivo que una vez habitado se carga de la energía del habitante y la geometría, matemática hasta los materiales y la calidad lumínica del espacio entran en resonancia con el cuerpo humano, afectando su día a día como una máquina de habitar. Este es el lado oculto de la arquitectura y el deber de responsabilidad que tiene el arquitecto al crear una obra habitable, el deber de ser consciente del diseño de una máquina de habitar que resuena con el ser humano.

En su manifiesto *Modulor*, establece que tanto la arquitectura como la escultura y la pintura, son la "acción de la obra" (1953, p. 29), dependen del espacio y están adscritas a la necesidad de regirlo. La clave de la emoción estética es una función espacial. Esta acción de la obra refiere a la voluntad humana a la que más adelante vincula con la intuición: "las sapiencias adquiridas, asimiladas, e incluso olvidadas, porque en la obra concluida con éxito hay masas intencionales ocultas, un verdadero mundo que se revela a quien tiene derecho, lo que quiere decir: a quien lo merece" (1953, p. 30).

Este en sí sería el secreto del arte de la creación de los espacios indecibles, espacios que son la coronación de la emoción plástica, que como señala esta investigación tiene una gran vinculación simbólica con la Masonería, una institución que, de manera especulativa, preserva de forma oculta saberes universales adquiridos por los sabios de la antigüedad.

El masón estudia y contempla en cada tiempo histórico las nuevas motivaciones e inspiraciones, asimilando, de cada sistema filosófico, lo que pueda significar el aporte al patrimonio de la verdad, más allá del espacio y del tiempo. Entre la simbología masónica y el movimiento purista de Le Corbusier existe un vínculo manifestado a través de su gramática de producción, en la utilización de la geometría, la matemática, las proporciones para con la escala humana y la proporción áurea, con el objetivo de alcanzar formas puras significativas y volúmenes de geometría y simbolismo universal. Las formas puras de Le Corbusier, presentan pre figuraciones simbólicas y simplificación como figuras geométricas donde cada uno tiene un carácter de permanencia y universalidad, porque como quedó expresado todos ellos forman parte de una tradición ancestral de geómetras. Estos valores resaltados en el purismo de la forma son valores que pueden ser vinculados con fundamentos de carácter simbólico masónico.

En su discurso de *Hacia una Arquitectura*, Le Corbusier habla de "la emoción de la arquitectura como un juego sabio, correcto y magnífico, de los volúmenes bajo la luz, (piedra angular de nuestra intervención en el movimiento arquitectónico de 1921 en el *Esprit Nouveau*" (1923, p. 17). Él mismo reconoce un juego bajo la luz, refiriéndose con él al sol que, en términos de simbolismo masónico, instruye sobre la sabiduría. El simbolismo se hace presente a través de su orientación sobre el oriente, con las salidas del sol, posición donde se encuentra el Gran Maestre o la Gran Maestra en el templo masónico. Su posición simboliza la sabiduría, la luz que ilumina el camino de sus compañeros y aprendices masones.

En este mismo manifiesto para la arquitectura, Le Corbusier hace una crítica muy clara al pasado, presente y futuro de la arquitectura, ya que este manifiesto tiene como fin despertar a los arquitectos y recordar lo que él mismo llama "la herencia de las tradiciones" (1923, p. 51). Allí define al nacimiento de la arquitectura como algo fatal, donde la obligación del orden es primordial, por ende, presenta un concepto muy amplio que llamó "el trazado regulador" (1923, p. 51). Hace referencia a que es un seguro contra la arbitrariedad, por lo tanto, su resultado es la satisfacción del ser, entendiendo al trazado regulador un medio, no una receta, sino más bien una elección cuyas "modalidades de expresión forman parte integrante de la creación arquitectónica" (1923, p. 51).

Se entiende que el mensaje oculto del arquitecto tiene un patrón en sus manifiestos y obras, estableciéndose como un códice o mecanismos que para lograr desencriptar su mensaje hay que unir las piezas y ser un gran observador del doble sentido o de mensajes ocultos. Por esta razón se materializó este libro, a fin de dar luz a aspectos poco abordados sobre el lado oculto de las declaraciones y acciones del arquitecto.

Le Corbusier, por entonces ya referente de la arquitectura moderna y el movimiento purista, en el año 1961, cuando se publicó por primera vez su *Mensaje a los Estudiantes de Arquitectura*, proclamó una arquitectura que deseaba fuera entendida, vivida y creada por los futuros estudiantes y profesionales en el ámbito de la arquitectura guiados por la curiosidad. Desde las primeras páginas, Le Corbusier fomenta lo que en la Masonería se llama al librepensamiento y la búsqueda de la verdad a partir de esa curiosidad: "nos anima la misma fe en la construcción; vosotros con nuestra sed de aprender, yo con un ardor igualmente grande… predisponiéndome más que nunca al descubrimiento" (1961, p. 11).

Siendo un libro publicado en período de posguerra, demuestra un gran ímpetu por entender que la arquitectura debe construirse, reconstruirse y reconstituirse como el juego eterno de la vida, un aspecto que se encuentra en la Masonería, en ese camino que tiene una búsqueda eterna hacia una verdad que conforma el secreto masónico, un recorrido de arduo trabajo personal y para con la comunidad. Al igual que el arquitecto en lo que considera la revolución de conciencia que les aguarda a los estudiantes, se plasma un discurso masónico que invita a buscar respuestas sobre el nuevo desafío que plantea el contexto de las guerras, haciendo una gran crítica a la pérdida de la relación entre la arquitectura y la naturaleza.

Mismo arte del cual habla Le Corbusier en este mensaje a los estudiantes de arquitectura que intenta acercar el "arte de construir" (1961, p. 14), se puede encontrar en el *Manual del Aprendiz* (1894), entendiendo su relación directa con el origen de toda civilización, como la causa con su efecto natural.

> Entre todas las artes, la Arquitectura ha sido venerada y practicada en todos los tiempos como un arte especialmente divino. No debemos maravillarnos de la especial consideración en que siempre ha sido tenida, por estar la construcción material íntimamente relacionada con la forma exterior de toda civilización, de la cual puede considerarse al mismo tiempo como causa, medio, condición necesaria y expresión natural (Wirth, 1894, p. 19).

Con su mensaje, Le Corbusier resalta la importancia de una casa digna, del poder crear espacios de paz y de bienestar humano. Es por eso que reivindica las leyes de la naturaleza en varios de sus manifiestos sobre arquitectura, ya que fomenta el derecho fundamental de una vida decente, luchando por "sitios cuadrados y simples que pueden ser emocionantes, constituyendo, en realidad, el teatro primordial donde actúa la sensibilidad, desde el momento donde abrimos nuestros ojos" (1961, p. 20).

Es de este modo como en 1920 comienza a hablar del espíritu de la máquina de vivir o máquina de habitar con su manifiesto sobre *L'Esprit Nouveau*. Éste se presentaba como una máquina que combinaba el arte y la astucia, con el fin de producir ciertos efectos, proponiendo un programa que reubicaba al hombre como el centro de la preocupación arquitectónica, mediante dispositivos del arte-atención dedicados a la felicidad del hombre, fusionando lo funcional en conjunto con la conciencia, es decir, las técnicas del racionalismo y el funcionalismo.

Para él, la "arquitectura es un juego sabio, correcto y magnífico de volúmenes agrupados bajo la luz" (1961, p. 23), pero este mensaje no es inocente en su interpretación, ya que entiende a la misma como una revolución constructiva que en su éxito trae consigo los medios de liberación, tal como lo dicta la Masonería.

Si se lo analiza desde el discurso masónico, los volúmenes agrupados bajo la luz refieren a los iniciados bajo el ara de la sabiduría representado en el Oriente por los maestros y maestras, cuyo juego de vida observan en el aprender de los iniciados en los diferentes grados masónicos, entendiendo al camino como ese juego sabio, correcto y magnífico que se emprende al iniciarse en la Masonería, donde se van adquiriendo herramientas que rectifican, ordenan, orientan y enriquecen. Este juego de volúmenes puede ser representado e interpretado por personas en un templo masónico, como así también a través de las casas en una ciudad, por arquitectura en su máxima expresión que yace y existe bajo el sol, una gran fuente de poder y simbolismo supremo en la Masonería.

En su discurso, Le Corbusier defiende el espíritu nuevo de la arquitectura, donde pone en evidencia la importancia de la geometría en la proyección y ejecución arquitectónica, lo cual identifica como la base esencial de la sensibilidad humana, las bases puras de la emoción, así como la Masonería defiende su lenguaje simbólico a partir de los símbolos emotivos geométricos.

Según el arquitecto, en *Almanach d'Architevture Moderne, Défense de l'Architecture*, el espíritu se manifiesta a través de la Geometría:

> El hombre que practica la geometría y que trabaja en la geometría puede entonces acceder a esta calidad de satisfacciones superiores que se llaman las satisfacciones del orden matemático, y llegamos así a admitir que, en la humanidad ocupada casi exclusivamente de geometría, como es el caso actual, las artes y el pensamiento no pueden mantenerse alejados de este fenómeno geométrico y matemático (1925, p. 22).

Esto declara que la arquitectura emocional de Le Corbusier es el plan que busca ordenar "órganos vivos y productivos de acuerdo a una elevada intención arquitectónica: conmover mediante la grandeza de la intención" (1923, p. XVII), como declara en *Hacia una Arquitectura* (1923). Un plan generador de emoción en el que el lenguaje de las leyes del universo y la naturaleza se expresan a través de figuras geométricas, reglas y números que buscan las relaciones de los volúmenes y la construcción de espacios justos y dignos a partir de la aplicación de proporciones que el ojo transmite al cerebro, sensaciones y emociones coordinadas, y así el espíritu obtiene satisfacciones de un orden elevado. Esa es la arquitectura definida por Le Corbusier (1923), desde su sentido artístico y su pensamiento matemático, en búsqueda de la armonía, la emoción y la belleza.

La cuarta síntesis recuerda el sentido fundamental de la arquitectura según Le Corbusier, su rol de emocionar y conmover desde su experiencia vivencial y su expresión plástica, en una ecuación en la que el ser humano es visual y sensorial, y el arquitecto diseña la experiencia. Si bien se analizó el aspecto poético y simbólico del discurso del arquitecto, es importante resaltar la proyección que estos tienen sobre el espacio, las virtudes que describe y manifiesta como primordiales para la creación de obras de arte bellas, perfectas y puras que logren así conmover al ser humano que recorre esa arquitectura proyectada desde la armónica y la proporción.

Estas virtudes y características definidas por Le Corbusier como la arquitectura emocional, se presentan de forma empírica en la Casa del Dr. Curutchet, en su morfología, su forma, su recorrido y sus proporciones. Nuevamente la casa demuestra ser un legado que tiene mucho más que contar y representa una gran obra del hombre.

•

• •

4.5. La Mano Abierta y la espiral del conocimiento

La Mano Abierta es un monumento de hormigón simbólico y poético construido por Le Corbusier y ubicado en el Complejo del Capitolio Chandigarh, en la India. Este es un complejo gubernamental que fue declarado Patrimonio de la Humanidad por la UNESCO en el 2016 al igual que la Casa Curutchet. Dicho complejo está compuesto de edificios que son monumentos: el Palacio de la Asamblea o Asamblea Legislativa; el Edificio del Secretariado; el Tribunal Superior; el Monumento de la Mano Abierta; la Colina Geométrica y la Torre de las Sombras.

Este encargo nace bajo la necesidad de una nueva capital luego de la independencia de la India en 1947. La ciudad tenía el objetivo de poder expresar la nueva etapa que emergió en India, por lo que no sólo era una obra sino un encargo simbólico en pos de la paz. Con el fin de cerrar este capítulo y la presente investigación, se recorre el legado simbólico de este monumento y su mensaje para los profesionales del futuro.

Si bien responde a un encargo significativo, representa la lucha del arquitecto por la búsqueda del conocimiento. En *El Poema al Ángulo Recto* (1955), en el apartado F.3 Ofrenda (Mano Abierta), dibuja en la página 145 la mano abierta que diseña para Chandigarh y el en el poema que acompaña este dibujo dice: "A manos llenas he recibido, A manos llenas doy" (1955, p. 144). Esto representa, además, la lucha del arquitecto y el mundo a través de la mano como recurso elemental, lo que permite recibir y dar, imaginar y producir, una virtud humana que permite el trabajo y la justicia del hacer.

Esta lucha se asemeja a la que el masón persigue ya que, como recuerda Lavagnini Aldo (2017), el Gran Arquitecto del Universo (G.A.D.U) tiene como misión, "la Evolución: la Evolución Individual y la Evolución Universal de todos los seres, el progreso incesante y la elevación de la conciencia, en constante esfuerzo y en una superación igualmente constante de las imitaciones, constituidas por sus realizaciones anteriores" (2017, p. 87).

Este es un trabajo de cooperación voluntaria y consciente para con los demás seres humanos, valores que en sí representan el germen de la creación de Le Corbusier y su filantropía. Para la Masonería, cualquiera sea la actividad u oficio, defiende que el masón debe obrar en perfecto acuerdo con sus principios, valores y su ideal más elevado, absteniéndose de cuanto no apruebe su conciencia y de lo que no crea perfectamente justo, recto y digno.

La Mano Abierta es mencionada en el libro el *Modulor II*, donde la bautiza como la "Hoya de la Consideración" (1962, p. 262). Este monumento fue trazado a partir del Modulor, tomando una altura total de 26 m. Además del vínculo con la paz y la felicidad, también se relaciona de forma directa con el mensaje de *El Poema al Ángulo Recto*, donde yace un apartado señalado por la letra G, llamado Ofrendas (Mano Abierta), porque esta escultura posee el discurso y la filosofía de que el ser humano debe estar abierto tanto a dar como a recibir.

Los masones en sus arquitecturas, replicaban este tipo de símbolos sobre el arte y los edificios dentro de todas las construcciones que realizaban como sello. En base a lo ya desarrollado sobre el rol del masón albañil, es posible encontrar en varias de ellas este símbolo, el laberinto que deviene de la palabra *laber*, se puede vincular con el camino iniciático y sus espirales de crecimiento, lo que refiere a una práctica filosófica y del estudio de la conciencia.

Los masones medievales han dejado este tipo de símbolos en iglesias como testimonios de una tradición que jamás dejaron desaparecer. Este símbolo data de la utilización de laberintos y espirales en la arquitectura, desde un símbolo inserto en algún monumento, como sucede en el Monumento a la Mano Abierta en India (Figura 33 / 2024).

En este monumento también se encuentra el símbolo de la cruz expresado en una esvástica que es uno de los símbolos más antiguos, en el que habita el simbolismo del número cuatro y el cuadrado. Esto se debe a su vínculo con la representación de los cuatro elementos de la naturaleza y a la posibilidad de construir un volumen cúbico a partir del plegado de la cruz. Este símbolo se observa en varias producciones de Le Corbusier, como también lo hace la cruz en movimiento o la esvástica.

Sobre los diferentes contextos y usos que travesó este símbolo, Becker Udo (2008) aclara que ambos símbolos han tenido uso en circunstancias que llevaron a alterar su verdadero significado, en el caso de la cruz, este tomó un gran protagonismo dentro del Imperio Romano como elemento de tortura. Y en lo que respecta al símbolo de la cruz gamada o esvástica es vinculada rápidamente con la Segunda Guerra Mundial y el accionar de Adolf Hitler. No obstante, es otro símbolo que se ha perdido en el camino ya que el mismo, según cuenta el autor, representa a través de su prolongación en ángulo recto, el movimiento rotatorio y es conocido como la rueda solar. Comúnmente era un símbolo de buen augurio y salud, y para los budistas representa la llave del paraíso (2008, p. 172). Esto pone en evidencia que existen símbolos que poseen un origen y una significación positiva y poderosa que, en manos no conscientes de su poder, pueden causar un gran impacto negativo sobre la humanidad.

Por otro lado, Lavagnini Aldo (2017) sugiere que la esvástica simboliza:

> la vida que anima a los cuatro elementos, nacidos de la unión de dos elementos primordiales de la cruz. La vida representada por la esvástica es el mismo mercurio de los filósofos, o sea el Hijo del Padre y de la Madre celestes (2017, p. 64).

El símbolo de la cruz o la esvástica tuvo una gran influencia en los orígenes de la francmasonería, ya que los masones eran los constructores, tal como se mencionó, de templos y catedrales, principalmente del período gótico. Este símbolo se origina de la interacción de figuras geométricas: Le Corbusier utiliza la cruz que se obtiene de la superposición de dos líneas rectas cuya perpendicularidad crea cuatro ángulos rectos perfectos. Este símbolo puede identificarse en obras del arquitecto como el Monumento a la Mano Abierta en India. La esvástica o cruz, cruz en movimiento, representa un símbolo universal que representa la vida y anima a los cuatro elementos de la naturaleza: aire, fuego, tierra y agua.

Como símbolo masónico, la cruz representa un estado de desarrollo espiritual, propio del segundo grado. Donde el desarrollo espiritual, el alma y el cuerpo del masón deben trabajar en una experiencia regenerativa donde juega un rol el símbolo de la cruz. El equilibrio que se remite al estudio de los cuatro elementos de la naturaleza mencionados, donde el reciente masón presenta más virtudes de uno que de otro y en su camino de conocimiento lleva al perfeccionamiento de ese equilibrio, un símbolo visible del alma humana.

La Mano Abierta, en este caso símbolo de paz y gran tarea simbólica de Le Corbusier, como se mencionó, tiene una altura de 26m y su trazado parte del Modulor. Laban René (2006) declara que, en la cábala, *Ed*,

Figura 33. 2024 - Monumento a la Mano Abierta en India - Cortesía Uma Sueldo.

corresponde al nombre unificado, su *Guematria* es el número 26, mismo número que la altura del monumento, número que, además, expresa el simbolismo hebreo de la unificación de las manos que "opera simbólicamente la reunión del nombre" (2006, p. 23). Esto es así ya que, al orar, se juntan las manos como gesto simbólico, otro simbolismo aplicable a la lectura que este libro ofrece sobre la obra de Le Corbusier.

Para la Masonería, la mano representa un medio de reconocimiento, a través de un saludo simbólico y secreto que cambia en base a los grados avanzados dentro de la institución. Por ende, tiene una gran carga simbólica, además de jugar un rol fundamental dentro del rito masónico, sus celebraciones e iniciaciones. Esto permite dar luz a la coincidencia numérica entre la referencia simbólica de las manos que oran, el número 26 y la altura total del monumento a la Mano Abierta que realiza Le Corbusier. Además, el valor simbólico se asemeja al sentido del arquitecto, donde la labor masónica y arquitectónica se manifiesta en el hacer de la mano y su significado.

La mano simboliza la actividad, la espiral, la eterna búsqueda. Ambos símbolos habitan en el Monumento de La Mano Abierta, significa lucha y verdad, por lo que esta obra representa la filantropía propia de un arquitecto que en silencio practicó y ejerció la Masonería. Un arquitecto que demostró el poder de la arquitectura simbólica, la importancia de la geometría, la profundidad de los discursos proyectuales, todo en pos de dejar un legado que obre por disciplinas proyectuales que realmente conecten con el ser humano y logren impactar en las emociones mediante la búsqueda de la armonía y la belleza.

Boesiger y Girsberger (1986) recuerdan que en Chandigarh, Pierre Jeanneret, Maxwell Fry y Jane Drew, dijo a Le Corbusier:

> En el corazón mismo del Capitolio, debe proyectar los signos mediante los cuales ha llegado usted a expresar de un lado el urbanismo y de otro su pensamiento filosófico; estos signos merecen ser conocidos; son la clave de la creación de Chandigarh (1986, p. 229).

Esta última síntesis reivindica los signos, los símbolos y los significados que le son posibles adjudicar a la arquitectura y el diseño de espacios de la mano del arquitecto. Los signos presentados en esta investigación tienen a la Mano Abierta de Le Corbusier como el simbolismo final que preserva signos que, tal como recuerdan los autores, merecen ser conocidos porque son la clave de la creación del arquitecto. Éstos fueron algunos de los frutos que hasta ahora se develaron sobre los mensajes simbólicos que dejó Le Corbusier, una mano que se levanta en símbolo de lucha y resistencia, de trabajo y justicia, en defensa de la ciencia y el arte, entre tantas cosas que forman y componen la ideología de Le Corbusier.

La Geometría Sagrada aplicada en el arte y la arquitectura representa una tradición en pos de la belleza y el bienestar humanos, une la ciencia y el arte, las leyes de la naturaleza y el universo sobre el arte y la arquitectura. En este punto es importante entender que esta tradición y saberes son el objetivo que la Masonería tiene como fin preservar y estudiar, ya que defiende el derecho al conocimiento como patrimonio universal.

La unión entre la Geometría Sagrada y la Masonería es un hecho histórico, ya estaban presentes dentro de la arquitectura gótica, en los elementos de la geometría griega y en la aplicación de las proporciones de Vitruvio que los maestros masones introdujeron en el hacer de la arquitectura a partir de la construcción de edificios en los que utilizaron el simbolismo geométrico, matemático y numérico. Es por eso que mucha arquitectura gótica y pagana está nutrida de símbolos y relaciones numéricas que incorporan la proporción áurea y las formas simples de la naturaleza. En estas obras abundaba el simbolismo numérico, los círculos, los triángulos, los rectángulos y demás polígonos, junto con las proporciones armoniosas y celestiales del universo y la naturaleza que fueron incorporados a la arquitectura y el arte en las antiguas escuelas pitagóricas y platónicas.

Conclusiones

La relevancia fundacional de lograr impactar emocionalmente en el ser humano a partir del diseño y sus virtudes, revaloriza la Geometría del hombre, fundamentada por las leyes de la naturaleza y un lenguaje universal matemático, que representa herencia propia de una tradición, que ha sido preservada por siglos y reivindicada por la Masonería, pero erróneamente olvidada y desinformada. Este escrito tiene como razón principal el reconocimiento de una vacancia en torno a la comprensión de la ideología y simbólica de Le Corbusier, representada por la influencia de la Masonería en su vida y obra, material que resulta nuevo y poco explorado, pero que debe ser reconocido y estudiado como tal.

Como se contó en reiteradas ocasiones en este libro en la antigüedad, este arte de construir se reservaba, a ciertos sectores y grupos de estudiosos que dominaban ciencias ocultas y descubrimientos que brindaban herramientas y recursos para influir sobre las personas, a nivel armónico, frecuencial, plástico y emocional. Esto se daba a partir de aplicar en sus diseños conocimientos propios de Leyes de la Naturaleza y el Universo, tales como la proporción áurea, el número de oro, la estrella de cinco puntas, la geometría, la matemática y los símbolos. Todas relaciones matemáticas y geométricas que representan el lenguaje del universo y se proyectan en el ser humano y son el ABC de la construcción de la belleza reconocida desde el inconsciente y la llave a la posibilidad de consolidar espacios puros y geométricamente efectivos en función y uso. Hablar este idioma o lenguaje como profesionales en vínculo con las disciplinas proyectuales es de suma importancia y de un uso consciente del dominio de la materia, la frecuencia y la resonancia.

En esa época, democratizar este conocimiento no estaba permitido —tampoco lo estuvo hasta hace mucho—, y si bien siempre permaneció en lo indecible y lo oculto, no se puede negar que Le Corbusier lo utilizó, del mismo modo que la industrialización lo hizo a través del diseño de sus maquinarias y objetos bellos, perfectos, funcionales. Asimismo, la industria actual lo utiliza en el diseño de marcas multinacionales, logos de los productos y artefactos que utilizan elementos de la Geometría Sagrada.

En efecto, en libro se brinda razón suficiente como para comprender la importancia de tener en cuenta los recursos, símbolos y enseñanzas que ofrece el oficio y la filosofía masónica al área de la arquitectura, para dar luz a cruces interdisciplinarios entre la ciencia y el arte, dentro de la arquitectura y el diseño, que pertenecen a saberes antiguos y universales. Muchos de estos conocimientos se presentan en la Masonería a través de sus símbolos y significados, como quedó empíricamente demostrado, a la vez que permiten dar a conocer una forma de interpretar el hacer y deber ser de la arquitectura en base al legado de Le Corbusier.

A las construcciones contemporáneas, aporta valores presentes en el discurso arquitectónico, que maestros como Le Corbusier han defendido en sus producciones, a partir del simbolismo y la aplicación de la geometría sagrada. Ésta representa el lenguaje del universo y demuestra en cada obra aplicada, cómo la emoción y la sensibilidad humana abren paso a la creación sensible, bella y perfecta del imaginario humano, donde se recuerdan los orígenes más genuinos y los descubrimientos que el universo y la naturaleza tiene para brindar al diseño y al conocimiento. Como la Mano Abierta, este legado de Le Corbusier representa la lucha del arquitecto por una arquitectura digna, con emoción, intención, valores, cargada de sentido, que fomente el buen vivir y la correcta utilización de los recursos naturales como la luz.

Así también lo expresa la Casa del Dr. Curutchet, una casa masónica en la ciudad masónica de La Plata.

Pedid y se os dará (la luz), buscad y encontraréis (la verdad), llamad y se os abrirá (las puertas del Templo).

(Lavagnini Aldo, 2017)

Lista de referencias bibliográficas

1:100 Revista (2018). *Maison Curutchet*, 64 (13).

Anderson, J. (1723) *The Constitution of the Freemasons* - Londres.

Argentina.gob (s/f). *Historia de la Casa de la Cultura*. https://www.argentina.gob.ar/cultura/fna/casa/historia

Azpiazu, G. A. (2013). Los Cinco Puntos de Le Corbusier reconsiderados. *Revista de la FAU Documentos* (47), Facultad de Arquitectura y Urbanismo de la Universidad Nacional de La Plata.

Badenes, D. (2012). *Un pasado para La Plata Producción editorial y disputa de sentidos sobre la historia de la ciudad en su centenario - 1982* - Tesis de Maestría, Magíster en Historia y Memoria Universidad Nacional de La Plata.

Baena Paz, G. (2017) *Metodología de la Investigación* - Grupo Editorial Patria.

Becker, U. (2008) *Enciclopedia de los Símbolos*. SWING.

Birksted J. K. (2009). *Le Corbusier y lo oculto*. The MIT Press.

Boesiger, W.; Girsberger, H. (1986) *Le Corbusier, 1910-1965* - Editorial Artemis-Aidc.

Callaey, E. R. (2007). *El Mito de la Revolución Masónica*. Editorial Nowtilus.

Calatrava J. (Contributor), **Juan Miguel Hernández de León** (Contributor), **Josep Quetglas** (Contributor), **Eric Mouchet** (Contributor), **Antonio Juarez** (Contributor) (2006). *Le Corbusier y la Síntesis de las Artes. El Poema del Ángulo Recto* - Círculo de Bellas Artes, Ediciones Exposiciones

Casoy, D. O. (2018a). *Le Corbusier en La Plata - Entrevista al Dr. Curutchet* - Editorial Photon Press.

—— (2018b) *Le Corbusier en Buenos Aires, Las sietes fases de Catalinas Norte* – Editorial Photon Press.

Catálogo Digital de la Academia Nacional de Bellas Artes (2024) *Fondo Alfredo González Garaño* - https://coleccion.anba.org.ar/index.php/Detail/fonds/1#

Chandelle, R. (2009). *Más allá del Símbolo Perdido* – Editorial RobinBook.
Chaline, E. (2022). *Símbolos de lo Oculto* – Editorial Librero.
Coire, C. (1979). *Le Corbusier en Buenos Aires* – Publicación de SCA – Boletín informativo separata, (107).
Curth, D. A. (2013) *Casa Curutchet. Semblanza - Revista de la FAU. Documentos 47 al fondo* - Facultad de Arquitectura y Urbanismo de la Universidad Nacional de La Plata.
Daroca Bruño, J. L. (2012) *Influencias Mediterráneas en las cubiertas de Le Corbusier en la Acrópolis de Atenas a la Unidad de Habitación de Marsella* - Tesis doctoral; Universidad de Sevilla.
De La Gala, G. (1901). *La Masonería*. Imprenta y Litografía Esmeralda.
Di Virgilio, M. M. (2007). *Competencias para el trabajo de campo cualitativo: formando investigadores en Ciencias Sociales*. Cátedra de Metodología de la Investigación Social, Facultad de Ciencias Universidad de Buenos Aires.
Díaz, S. (2021). *"La Plata contada"*. Documental que narra el proceso de nacimiento, auge y caída de la ciudad de La Plata, la nueva capital de la provincia de Buenos Aires y su conexión con las logias de la Masonería. https://www.youtube.com/watch?v=TSF-q22ZrpA
Doczi, G. (1996) *El Poder de los Límites* - Editorial Pax, México.
Epeloa, M. (2022) *La Escuadra y el Compás, entre Diagonales* – Cultura de la Gran Logia – Gran Logia de la Argentina de Libres y Aceptados Masones
Fernández Chaves, F. (2002) *El análisis de contenido como ayuda metodológica para la investigación - Revista de Ciencias Sociales (Cr)*, 2 (96), Universidad de Costa Rica.
Fundación Juan March (2010). *"Le Corbusier | Luis Fernández-Galiano"*. https://www.youtube.com/watch?v=YO6b57PBkM0
Fundación Pettoruti (2024) *El Artista* - https://www.pettoruti.com/h_autor.htm
Gómez García, A. (2001). *El proyecto cubista: de Le Corbusier a Stirling Estudio del proceso de creación de la arquitectura*. Tesis Doctoral, Universidad Politécnica de Madrid.
Gran Logia de la Argentina de Libre y Aceptados Masones (2024) *Masonería* https://www.masoneria-argentina.org.ar/la-plata-ciudad-masonica/ https://www.masoneria-argentina.org.ar/que-es-la-masoneria/

Gris, J. (2008), extraído de una carta enviada a Léonce Rosenberg, en *Beaulieu*, 22 de agosto de 1918.

Gubern, R. (2001) *La etnografía método, campo y reflexividad* - Grupo Editorial Norma.

Guénon, R. (1962) *Símbolos Fundamentales de la Ciencia Sagrada.* Compilación póstuma establecida y presentada por Michel Vâlsan.

Harwood, J. (2008) *Historia Secreta de la Masonería.* Editoral Libsa.

Hernández Sampieri, R. (2014) *Metodología de la Investigación*, sexta edición. McGraw-Hill / Interamericana Editores, S.A.

Hidalgo García, D. (2014). *Leonardo da Vinci: arquitectura y urbanismo. El concepto de ciudad ideal.* Tesis Doctoral. Departamento de Edificación y Urbanismo. Escuela Politécnica Superior de Alicante; Universidad de Alicante España.

Jacq, C. (2004) *La Masonería Historia e Iniciación.* Editorial Martínez Roca.

Jouons!! Qui suis-je? (3/09/2021). *Georges Troispoins.* https://www.georgestroispoints.fr/blog/jouons-qui-suis-je

Jung, C. G. (1995) *El Hombre y sus Símbolos* – Editorial Paidós, España.

Laban, R. (2006). *Los Símbolos Masónicos.* Editorial Obelisco.

Lapunzina, A. (1997). *Le Corbusier's Maison Curutchet.* Princeton Architectural Press.

Lavagnini, A. (2017) *Manual del Aprendiz, La Masonería Revelada.* Kier Editorial.

La Gran Logia de la Argentina de Libre y Aceptados Masones (2024). *La Masonería: una institución esencialmente Filosófica, Filantrópica y Progresista.* https://www.masoneria-argentina.org.ar/que-es-la-masoneria/

La olvidada reina LGTB de París y su secreto templo masónico (2019). *Agente Provocador.* https://www.agenteprovocador.es/publicaciones/la-olvidada-reina-lgtb-de-pars-y-su-secreto-templo-masnico

Le Corbusier (1923) *Vers une Architecture / Hacia una arquitectura* (1964). Editorial Poseidón.

—— (1925) *Almanach d'Architevture Moderne,* Paris / *(1929) Défense de l'Architecture - Stavba* N°2 Praga / Traducción español: (1983) *El Espíritu nuevo en Arquitectura – En Defensa de la Arquitectura.* Artes Gráficas Soler.

Liernur, J. F. y Pschepiurca, P. (2008) *La Red Astral: obras y proyectos de Le Corbusier y sus discípulos en la Argentina: 1924-1965.* Prometeo Libros.

Logia Locle (2024) *La masonería se arraiga en el principado de Neuchâtel* - https://xn--vraisfrresunis-1jb.ch/notre-histoire/

Lomas, R. (2011). *Símbolos de la Masonería: El poder secreto de los símbolos masónicos y su influencia en la historia.* Editorial Librero.

López, D. M. (2009) "Arte y masonería: consideraciones metodológicas para su estudio" - *Revista de Estudios Históricos de la Masonería Latinoamericana y Caribeña.*

Luque Teruel, A. (2014) *La primera indagación cubista de Picasso: Espacio interior I, II y III* (Horta de Sant Joan y Barcelona, 1898-99). *Boletín De Arte,* 35, 187-205 - Departamento de Historia del Arte Universidad de Sevilla.

Marradi A.; Archenti, N. y Piovani J. I. (2007) *Metodología de las Ciencias Sociales.* Emecé.

Martín, L. P. (2003) *Las logias masónicas. Una sociabilidad pluriformal* - *Hispania,* LXIII/2, num. 214 - Université Biaise Pascal. Clermont-Ferrand II.

Merro Johnston, D. (2009) *El autor y el intérprete. Le Corbusier y Amancio Williams en la Casa Curutchet* - Tesis Doctoral - Escuela Técnica Superior de Arquitectura - Universidad Politécnica de Madrid.

Molina, M. (2003). *La historia, el espacio y la levedad: la Casa Curutchet. 47 al Fondo,* 7(10), Facultad de Arquitectura y Urbanismo de la Universidad Nacional de La Plata.

Morosi, P. (2020) *Favaloro: El gran operador.* Marea Editorial.

Pereira, J. A. (2012). *Le Corbusier, 35 rue de Sèvres.* Le Corbusier. Mise au Point.

Piñeiro, M. L. (2009). *La Plata: ¿Ciudad mágica o urbe de élite? Mitos y tabúes referidos a su fundación* - Tesis de Grado, Universidad de La Plata.

Pradeau, J. F. (2020) *¿Qué es la filosofía?* - *Revista Filosofía Univ. Costa Rica,* LIX (155), 213-217, setiembre-diciembre 2020.

Real Academia Española (2024). *Geometría.* https://dle.rae.es/geometría

—— (2024). *Iconostasio.* https://dle.rae.es/iconostasio

—— (2024). *Logia.* https://dle.rae.es/logia

Región Atlántica (2024) *Pedro Curutchet, el medico que revolucionó la cirugía y que vivió en Lobería.* https://regionatlantica.com/pedro-curutchet-el-medico-que-revoluciono-la-cirugia-y-que-vivio-en-loberia/

Respetable Logia Manuel Quiroga N°548 (2022). *El Manual del Aprendiz* – Ed. Dique Luján.

—— (2023). *El Manual del Compañero* – Ed. Dique Luján.

Ricoeur, P. (1970) *Freud: una interpretación de la cultura* - Primera edición en español, 1970 – Editorial Siglo XXI.

Rodríguez Arias, M. (2019). *Le Corbusier en el Río de la Plata, 1929. Documental sobre el viaje de Le Corbusier al Río de la Plata.* Con guion de Ramón Gutiérrez y Rodríguez Arias. https://www.youtube.com/watch?v=b1Ct8IS7ixw

Romero Brest, J. (1961) *Qué es el Cubismo* - Editorial Columba.

—— (1993) *Así se mira el arte moderno: Abstracción y cubismo* - Editorial 1a.ed.

Rue Visconti (2024) *El Templo de la Amistad adornado con sus leyendas* - https://www.ruevisconti.com/LaRueMysterieuse/TempleAmitie/Temple_de_l_Amitie.html#D

Sabino, C. (1984) *El Proceso de la Investigación.* Editorial Panapo.

Salgado Bonet, C. (2017) *Le Corbusier y el Poema del Ángulo Recto* - Tesis Doctoral, Universidad Politécnica de Cataluña.

Sánchez Ferré, P. (2014). *La Iconografía Masónica y sus Fuentes. Revista REHMLAC Revista de Estudios Históricos de la Masonería.* Montes de Oca May.

Sarriugarte Gómez, I. (2014) - *Perspectivas masónicas en la vida y producción artística de Juan Gris* - Tomo XXIII Núm. 46. Fundación Universitaria Española Seminario de Arte e Iconografía «Marqués de Lozoya».

—— (2016) *"La Section d'Or y Juan Gris un camino hacia un cubismo espiritual"* - De arte: revista de historia del arte, Nº. 15, 2016, pp. 238-251, Universidad de León.

Scelsio, J.L. (2018). *Higienismo e Intervención Social en la ciudad de La Plata. Su relación con el origen profesional de las Visitadoras de Higiene Social de la U.N.L.P en el año 1938.* Tesis de Maestría, Universidad de La Plata.

Skinner, S. (2017) *Geometría Sagrada: Descifrando el Código* – Editorial Gaia – Octopus Publishing Group Ltd – Londres.

Terrones Benítez, A. y León García, A. (2022) *Los 33 Temas del Aprendiz.* Independently Published.

UNESCO (2024). *Obra arquitectónica de Le Corbusier. Contribución excepcional al Movimiento Moderno.* https://whc.unesco.org/es/list/1321

Universidad de La República - Facultad de Arquitectura (2009) *Le Corbusier en el Río de la Plata, 1929.* CEDODAL-FARQ. Buenos Aires, 2009. / Ramón Gutiérrez/ Nery González.

Universidad Nacional de La Plata (2013). *"La máquina de habitar"*. https://www.youtube.com/watch?v=K4I0lQ7AzCs

Valles, M. S. (1999). *Técnicas cualitativas de investigación social*. Editorial Síntesis.

Vallejo, G. G. (2005). *Escenarios de la cultura científica: la ciudad universitaria de La Plata Historia de un experimento controlado de la modernidad en Argentina* - Tesis de Doctorado, Universidad Nacional de La Plata. Argentina.

Vázquez Semadeni, M. E. (2010) *La masonería en México, entre las sociedades secretas y patrióticas, 1813-1830 – Rehmlac*, 2 (2).

Von Moos, S. (1977). *Le Corbusier*. Editorial Lumen.

Wirth, O. (1894). *El Manual del Aprendiz, Masonería Revelada*. Editorial Masonica.es Editoriales del Arte Real.

www.ingramcontent.com/pod-product-compliance
Lightning Source LLC
Chambersburg PA
CBHW071821230426
43670CB00013B/2528